发现之旅栏目组 编著

皇城之谜

上海科学技术文献出版社
Shanghai Scientific and Technological Literature Press

图书在版编目（CIP）数据

皇城之谜 / 发现之旅栏目组编著． —上海：上海科学技术文献出版社，2020
（考古发现之旅）
ISBN 978-7-5439-8009-9

Ⅰ．①皇… Ⅱ．①发… Ⅲ．①都城（遗址）—中国—通俗读物 Ⅳ．① K928.5-49

中国版本图书馆 CIP 数据核字（2019）第 288845 号

策划编辑：张　树
责任编辑：杨怡君　曹　惠
封面设计：合育文化

皇 城 之 谜
HUANGCHENG ZHI MI
发现之旅栏目组　编著
出版发行：上海科学技术文献出版社
地　　址：上海市长乐路 746 号
邮政编码：200040
经　　销：全国新华书店
印　　刷：常熟市文化印刷有限公司
开　　本：720×1000　1/16
印　　张：12
字　　数：171 000
版　　次：2020 年 1 月第 1 版　2020 年 1 月第 1 次印刷
书　　号：ISBN 978-7-5439-8009-9
定　　价：50.00 元
http://www.sstlp.com

目 录

黄帝京城大猜想 / 1

寻找黄帝城 / 10

叩醒商都 / 37

寻根商都 / 46

商都梦寻 / 54

商都纪事 / 58

咸阳宫 / 66

阿房宫 / 81

未央宫 / 97

华清宫 / 116

大明宫 / 135

九成宫 / 157

解密长安 / 170

开封兴衰 / 181

2002年初秋，一个惊人的消息在河南省灵宝市西坡村传开：考古队在村东的苹果园里找到了老祖先轩辕黄帝的宫殿，西坡就是黄帝时代的京城。

黄帝京城大猜想

在灵宝市西坡村茂密的苹果园里，总有一些地方的苹果树经常枯死。当地老乡称这种地方在西坡很多，历来都长不好庄稼。敏感的考古队员意识到在这里将会有重大发现。

经过两次试挖掘后，2001年，第三次挖掘开始了。这次挖掘由中国社会科学院考古所、河南省文物考古所以及灵宝市考古人员共同进行。

灵宝市位于河南省西部，与陕西、山西交界。豫、陕、晋三角地带史前遗址众多，被称为中华民族文明的摇篮，这里一直是中华文明探源工程的重点考察区域之一。

经过1个多月的挖掘，一座特大型房子的地基被揭露了出来。经测量，这所编号为F105的大房子竟占地516平方米。

令人惊讶的是，这所大房基和西安半坡遗址同属于新石器时代仰韶文化遗址。与半坡遗址大多只有20多平方米的房屋遗址相比，这所超大型的房子堪称豪宅，它也是目前我国发现的最大最古老的房子地基。这一发现立即引起了轰动。

最不可思议的是，这所大房子四周竟然有一圈回廊，建造这座大房子，

▲ 古老的大型房基显示出了它曾经的超级豪华

▲ 根据 F105 复原的大型房子模型

总共用了 96 根圆柱，在只有石器的年代，砍伐这么多大树建造一座房子，是何等巨大的工程。

这座宫殿式大房子的背后到底隐藏着怎样的秘密呢？

考古学家小心翼翼论证的时候，西坡村的村民已先于考古专家得出了结论：考古队找到了老祖先轩辕黄帝的宫殿，西坡就是黄帝时代的京城。这个消息瞬间传遍了小山村，村民们的脸上都洋溢着兴奋。

5000 多年前，轩辕黄帝率领部族征伐四方，终于被天下的部落联盟尊称为"共主"。可是，华夏始祖黄帝始终存在于亦真亦幻的神话传说之中，没有考古的佐证，我们的祖先仅仅是远古的一个伟大传奇。

村民们如此肯定地说大房子遗址就是黄帝的宫殿遗址，难道这仅仅是他们一厢情愿的臆想？他们如此说的理由又是什么呢？

发掘的大宫殿就在村民赵会锋的苹果园里，离他家不远就是郁郁葱葱的荆山。荆山是小秦岭的一部分，它有着并排的 3 座山头，这就是蚩尤山、轩辕台和夸父山。

距离赵会锋家北面 10 多千米就是黄帝铸鼎原和黄帝庙。

铸鼎原历史上一直叫黄帝陵，为和陕西的黄帝陵有所区别，20 世纪 80 年代才改为铸鼎原。传说的农历二月初九黄帝的生日和九月初九黄帝升天的日子，每年赵会锋都会到铸鼎原上的黄帝庙去烧香拜祭黄帝，这个风俗是从祖辈一代代传下来的。

黄帝的传说在这里一直妇孺皆知，所以，赵会锋和村里的乡亲都一致认定，发掘出的大房子就是老祖先黄帝的宫殿。

兴奋不已的不仅是村民们，灵宝市当地的文物工作者自1999年以来一直在铸鼎原周围进行文物普查，收集了大量的史料和文物。随着考古的发现，他们越来越坚信自己的家乡就是华夏先祖轩辕黄帝的都城。

灵宝市文化局工作人员杨莲珍称，灵宝老百姓中黄帝的传说非常多，因为《史记》记载了黄帝采首山之铜，铸鼎于荆山下。《史记·封禅书》还记载："黄帝作宝鼎三，象天地人。"传说黄帝打败蚩尤，统一各部落后，就在铸鼎原上铸鼎铭功。鼎成之日，一条龙自天而降，来接黄帝上天。黄帝升天后，为了纪念黄帝，大臣左彻用木头削成黄帝像，并把黄帝用过的衣冠和手杖供奉在庙里，从此铸鼎原上就有了黄帝庙。

> **蚩尤**：中华始祖之一，上古时代九黎族部落酋长。4600多年以前，黄帝战胜炎帝后，又与蚩尤展开了涿鹿之战。蚩尤战死，东夷、九黎等部族融入了炎黄部族，形成了今天中华民族的最早主体。相传蚩尤也是苗族的远祖之一。
>
> **夸父**：上古神话传说中的人物。传说黄帝时代，北方有座名叫成都载天的大山，居住着土地之神后土的子孙，称夸父族。夸父族人帮助蚩尤对抗黄帝，后来被黄帝打败。"夸父逐日"中的夸父为后土的孙子。

从古至今，这里的黄帝庙香火绵延不绝。

铸鼎原正好位于灵宝市内黄河中上游拐弯的地方，南依荆山，北依黄河。发源于南部秦岭的河流将厚实的黄土分割成六道东西向并列、南北向狭长的土原，处于东部沙河和西部阳平河之间的就是铸鼎原，西坡遗址位于铸鼎原南部的荆山脚下，而发掘出的大房子就位于西坡遗址的中心地带。

铸鼎原上的一块石碑刻于唐贞元十七年（801），碑文记载："乃铸鼎兹原，鼎成上升"。这块碑是迄今国内发现的最早记载黄帝的石碑。

在黄帝庙的后面，有一个驭龙阁遗址，传说驭龙阁是为纪念黄帝驭龙升天而建立的一个楼阁。

2000年8月，河南省的文物工作者对驭龙阁遗址进行了发掘，他们在地

▲ 传说中的驭龙阁遗址

下 2.8 米探测出一个直径 30 多米的环形祭祀沟。

灵宝市文化局工作人员姜志亮称，在这个探沟里发现了很多石斧、石铲、红陶片等仰韶时期的文物。

最不可思议的是，他们在祭祀沟下面还发现了 5000 多年前的草木灰渣，难道这里自古以来就是祭祀黄帝的圣地？

为了普查文物，灵宝市的文物工作者几乎走遍了灵宝市的山山水水，这里到处都是三皇五帝时期的传说。随着大房子遗址的发现，他们和西坡的村民一样，越来越相信自己的家乡就是黄帝最后建都并驭龙升天的地方。

治学严谨的考古队员们不可能轻易肯定发掘的大房子就是黄帝的宫殿，但他们心里也一样在问：这所 5000 多年前的豪宅到底和传说中的黄帝有关系吗？

2004 年，西坡遗址第 4 次考古挖掘开始了，这次发掘的地点在特大房基南约 50 米处，发掘面积为 800 平方米。

经过 2 个月的工作，又一座仰韶时期特大的房基穿过 5000 多年的尘封，暴露了出来。

河南文物考古研究所专家马萧林称，我们把它编号为 F106，这也是一个大型房子，居住面积 240 多平方米，占地面积将近 300 平方米，比那个房子小一点。

让考古人员惊讶的是，这个在地下埋藏了 5000 多年的房基，地面隐隐显出了一片红色。清理发现，不仅柱洞底部有朱砂，甚至有些夯土和草拌泥中也有发现，说明这所房子的地面、墙面都涂有朱砂，以至于使这座奇特的建筑内部成了一个红色的世界。

中国社会科学院考古研究所专家陈星灿称，它的功能是什么我们到现在也不知道，但地和墙都涂了红色，显然不是一般老百姓居住的，应该是有某种礼仪的、祭祀的或者宗教的意义在里面。

更加奇怪的是，两座房基南北直线距离仅50米，F105的门朝向东南，F106的门朝向东北，这表明两个房基的门道一起朝着一个中心，似乎在暗示着什么。根据古代建筑布局对称的特点，在对应的地方，还会有大型建筑的遗址吗？

经过探测，果然不出所料，在几乎对称的地方，又探测出了2个大型房基。

这样，在这些大房子的中间就围出了一大片空地，考古人员判断，这片空地极有可能是一个广场，很可能是铸鼎原地区一个供人聚会或祭祀的中心场所。

大型建筑群的发现，大大刺激了考古人员的探索欲望。

2004年下半年，有关方面组织了强大的考古力量，在西坡遗址40多万平方米的范围内，进行了5米1孔的高密度钻探调查。

马萧林回忆，大概钻探有16000多个孔，结果也很令人振奋，在遗址的南边和北边都发现了壕沟。

探测出的壕沟为东西走向，令人大喜过望的是，在壕沟的两侧正好有2条南北走向的河流，这两道壕沟与2条南北走向的河流，正好围出了一个可供防御的中心区域。

难道这仅仅是无意的巧合吗？

经探明，这个中心区域集中了众多大型的建筑设施，其中的结构、面积和大房子相仿的房址有10座以上。这些房子共同组成的建筑群，在远古时代只能用恢

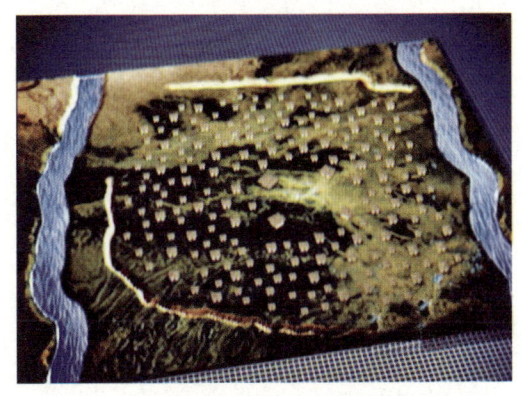

▲ 西坡远古城池示意图

宏来形容。这一切似乎都清楚地表明：仰韶时期的西坡是一座结构严谨、区划明晰的远古城池，也是一座防守严密的都城。

另外，在西坡遗址还发现了 3000 多个灰坑，其中最大的有 6 米深。灰坑是古人的垃圾坑，如果每个灰坑代表一个家庭，那就表明这里曾生活过 3000 多个家庭，其密度几乎和现代的村庄相当，可见当时西坡的人丁是如何兴旺。

既然这里是一座都城，就不可能没有公共墓葬区。他们的墓地在什么地方呢？

马萧林称，我们一直在寻找墓地，后来钻探的重点移到了遗址南部地势比较高的地方。在钻探的 1 万余平方米的范围内，在几个孔里发现了骨头。这些墓坑的尸骨埋藏的深度大都在 1.4 米左右，以前在遗址里也发现过西周及其他较晚时期的墓葬，其深度大都在 2 米以上。因此推测这些埋葬较浅的墓很有可能是早期墓，也就是说很可能就是这个原始城池的墓葬区。

陈星灿称，墓地的发现让我们兴奋异常，它给了我们一个全部的概念，就是不仅有大房子，有灰坑，还有围壕和墓葬。

2005 年春节刚过，怀着激动心情的考古队员立即投入了挖掘工作。他们首先在探明的北围沟做了一个长 30 米，宽 2 米的横截面试掘，到麦子快成熟时，壕沟终于被清理出来，测量结果围沟底宽 8.5 米，口宽 18.6 米，深 5.4 米。不管是野兽或是敌人，要越过这条壕沟侵入城池绝非易事。

西坡遗址的面积约 40 万平方米，现在只挖掘了 1 万多平方米，可以说是冰山一角。那么，在这片神秘的土地下，究竟还埋藏有多少秘密？也许只有肃立无语的荆山，才知道这里曾经的风起云涌、沧海桑田。

西坡遗址的特大考古发现，让著名考古学家许顺湛兴奋不已。根据大量研究，他提出了自己的观点：黄帝部族创造了最灿烂的仰韶文化，铸鼎原不仅在黄帝族团活动的范围之内，而且很可能是这一族团的宗庙和祭祀活动的圣地。

徐顺湛称，铸鼎原，按文献记载是属于黄帝铸鼎原，与黄帝是有关系的。根据考古材料和文献结合起来考虑，我大体定位，黄帝时代就是公元前 2900—前 4000 年，也就是距今 5000—6000 年前。庙底沟时期的仰韶文化在时间上和黄帝时代是相对应的。我认为，庙底沟时期的仰韶文化就是黄帝文化，这是一个基本观点。

仰韶文化属于新石器时代文化，距今 5000—7000 年，它早期属于半坡类型，中晚期属于庙底沟类型。半坡类型的陶器以鱼纹为主，庙底沟类型的陶器以鸟纹为主。经过近 1 个世纪的考古挖掘，全国发掘出仰韶文化遗址 5000 余处，其分布范围东起豫东，西至甘肃、青海，北到河套内蒙古长城一线，南抵江汉，几乎占到现在中国版图的大部分。

徐顺湛称，在灵宝市，以黄帝铸鼎原为核心分布有 71 处仰韶文化遗址，加上陕县的 34 处仰韶文化遗址，共有 105 处。属于仰韶文化遗址类型的，它的文化面貌、内涵都是一样的。据此，与黄帝在时代上结合了。铸鼎原由于有黄帝的传说和记载，说不是黄帝时期的东西似乎说不通。

> **河套地区：** 指黄河"几"字弯和其周边流域，这种河套的地形在世界大江大河里绝无仅有。秦朝统一中原后，曾派蒙恬率 10 万大军将匈奴逐出河套，迁徙 3 万户到那里戍边。东汉时，归附汉朝的匈奴人被安置在河套。河套文化是黄河文化和草原文化的重要组成部分，是人类发展史上农耕文明与游牧文明聚集交融的典型代表。河套文化的形成过程，对于中国的北方军事史、乌拉特草原文化史、游牧定居与垦殖发展史具有巨大作用。

100 多处仰韶文化遗址的总面积达到 1300 万平方米，许顺湛把这些遗址统称为"铸鼎原仰韶聚落群团"。他参考摩尔根《古代社会》中印第安人部落组合情况，把 1 万平方米的面积作为一个氏族，15 个氏族为一个部落，一个部落按 3000 人来计算，推测出铸鼎原聚落群有 1300 多个氏族，87 个部落，共 26 万多人口。这些部落具有共同的文化、习俗和信仰，可以说已经具备了一个区域民族的条件。

徐顺湛认为，能够统率这么大面积，这么多部落，这么多氏族，这么多的人口，如果不是一个酋邦国家，任何部落都是统治不了的。

如果这里是一个酋邦国家，那么，许顺湛最后推断：黄帝部落的族庙和祭坛就设在铸鼎原上，黄帝后期的都城肯定就在铸鼎原周围。

徐顺湛称，我看这个地方是一个酋邦国家所在地，西坡遗址可能就是这个酋邦国家的国都。

无论专家许顺湛、西坡村的村民和灵宝市的文物工作者的结论都是多么一致,但这仍然只是一种推测,最后的结论需要更多的考古发现来证实。

那么,西坡还会发掘出更有价值的东西吗?

2006年初夏,西坡村又传出了爆炸性的消息,说黄帝的大墓找到了!

千古黄帝的传说,难道真的有了破解的可能吗?就在传说纷扬的时候,一批国内外知名专家千里迢迢来到了西坡。

这次主要是对2004年密集勘探时发现的墓葬区进行发掘,共发现仰韶中晚期墓葬12座。这些墓葬都是长方形竖穴土坑墓,一些墓室随葬有成套的陶器、石器和骨器,还出土了一批精美的玉铲等珍贵器物,这也是在仰韶时期的墓葬里第一次发现这么多的玉器。

村民们传说的黄帝大墓是一座编号为M27的墓葬。

在清理M27墓时,发现这座墓不同寻常,墓长竟达5米,宽3.4米,自上而下均用青灰泥封填,里面还夹杂有大量的植物茎叶和朱砂。

当挖到2米多深时,墓室内竟然发现了成块的麻布印记和木板痕迹,这在以往挖掘的同类墓葬中是没有见过的。

北京大学教授严文明称,这个遗址和这个墓地都是仰韶文化中期偏晚的,应该是公元前3000多年。

考古专家们对西坡挖掘出来的骨骼进行了测量,发现这些仰韶时期的先人身高大多在1.7米左右,和现代人的身高基本相当。

陈星灿称,发掘的34个墓主人,男性的骨骼比较高,女性的骨骼比较矮。他们基本上都是青壮年,都有各种各样的病,比如骨质增生,腰肌劳损造成的骨病很多。可以想

▲ 被西坡村民称作"黄帝大墓"的古墓葬

象当时人们的劳动量,或者是因为某种特殊的原因对骨骼的损害是很严重的。

如果西坡遗址是黄帝最后的都城,那么从理论上分析,这片墓地里就应该有黄帝的墓葬。也许有一天,随着考古挖掘的进展,一座超大型的古墓会被发现,那也许就是所有炎黄子孙最神圣的祭拜之地。

但也有专家断言,黄帝的墓是不存在的。因为黄帝铸鼎升天的故事暗示着一个可能,那就是燔葬,也就是火葬。也只有这样,《史记》中黄帝乘龙升天的传说才有了合理的解释。而铸鼎原,极有可能就是当时黄帝火葬的地方,具体地点就是发现有5000多年前草木灰渣和礼器的驭龙阁遗址。

▲ 这是迄今国内发现最早的黄帝石画像,但要证明黄帝在历史上的存在,还需要更多的考古发现

流传至今的灵宝火舞,据说就是先民们祭祀黄帝升天时所跳的舞蹈。

如今,西坡遗址的考古工作仍在进行中,人们对此充满期待。

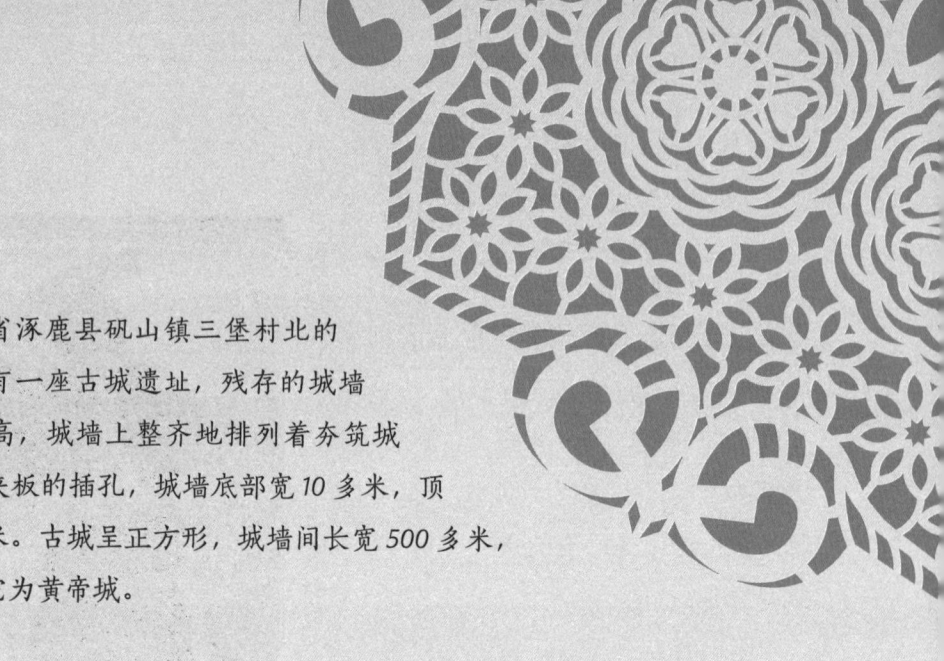

河北省涿鹿县矾山镇三堡村北的台地上，有一座古城遗址，残存的城墙有十几米高，城墙上整齐地排列着夯筑城墙时固定夹板的插孔，城墙底部宽10多米，顶部宽约3米。古城呈正方形，城墙间长宽500多米，当地人称它为黄帝城。

寻找黄帝城

一、古城传说

古城内，早已被开垦成了农田，当地百姓耕地时经常发现一些奇形怪状的石头，这些石头明显有人工加工的痕迹。有的像铲子，有的像板斧，还有些残陶碎瓦。每年播种季节，村民得用耙子先将这些石头砖块清理一番。可多少年过去了，却总也清理不干净，当地盛传古城里有宝物的说法。据说五堡村村民李增怀的祖上，中华人民共和国成立前在古城里曾挖出几麻袋银锭。

李家发财的故事早已成为往事，但从没有因为时间的流逝，而减少人们渴望发财致富的愿望。所以，在古城挖宝，村民们有着浓厚的兴趣。小孩子也经常三五成群地到这里寻寻觅觅，希望有意外的收获。

这一情况，引起了河北省文物部门的注意。于是，派出考古调查队前来考察。

这更增加了古城的神秘气氛，当地盛传"挖宝的人来了"。

经过勘查，考古队在东南西北4个方位，确定了几个点开始探方。经过1个多月的艰苦发掘，从古城里出土了许多古代生产和生活用具，如石镰、石磨棒、陶纺轮和陶豆、陶罐等。同时在城内中部的塌陷处，还发现了版筑墙，版筑墙的厚度约20厘米，在城内北部还发现了许多砖瓦碎片。

▲ 石镰、陶纺轮、石磨棒

根据这些发现，1957年11月30日《人民日报》发布一条消息："在'黄帝城'遗址里发现的……"，这在中国考古界和史学界引起不小的震动。专家们根据古城里出土的文物初步判断，这座城，也许就是史书上记载的古代涿鹿城——正是当地百姓传说的黄帝城。

相传涿鹿城是中华民族的人文始祖黄帝的都城。如果这座城真的是黄帝的都城，那么史学界苦苦找寻的华夏文明的根就有了源头。

据《史记·五帝本纪》记载，在距今5000多年前，随着人口的增加，各个氏族部落之间为了扩大地盘，争夺财富，连年相互征战，为害百姓。而当时的统治者神农氏炎帝，对此却无能为力。这时，黄帝部族在这场兼并争霸战中迅速崛起，许多诸侯都归顺了黄帝，但炎帝不服。因此，黄帝和炎帝两大部落，在一个叫阪泉的地方展开争霸战。经过3次大战，黄帝战胜了炎帝，炎帝被迫与黄帝结盟。

黄帝： 少典之子，本姓公孙，长居姬水，因改姓姬，居轩辕之丘（在今河南省新郑市西北），故号轩辕氏。出生、创业和建都于有熊（今河南省新郑市），故亦称有熊氏，因有土德之瑞，故号黄帝。

炎帝： 炎帝是中华民族的始祖之一，又称赤帝、烈山氏。生于姜水之岸（今陕西省宝鸡市一带）。他与黄帝结盟并逐渐形成了华夏族，这才有了今天的炎黄子孙。

蚩尤： 上古时代九黎族部落首长，中国神话中的武战神。善于使用刀、斧、戈作战，不死不休，勇猛无比，黄帝尊蚩尤为"兵主"，即战争之神。

> **涿鹿之战**：距今约4600年前，黄帝部族联合炎帝部族，与东夷集团中的蚩尤部族在今河北省涿州市一带所进行的一场大战。"战争"的目的，是双方为了争夺适于牧放和浅耕的中原地带。它也是中国历史上见于记载的最早的"战争"，对于古代华夏族由野蛮时代向文明时代的转变产生过重大的影响。

此外，还有一个实力更加强大的部落集团——东夷集团。东夷集团的首领叫蚩尤，蚩尤在历史传说中，是个骁勇善战的战神。黄炎部落联合与蚩尤在涿鹿之野展开了决战。经过长时间激烈的较量，黄帝战胜了蚩尤，并将蚩尤擒杀于冀中之野，这就是历史上著名的涿鹿之战。随后，黄帝与各路诸侯会盟釜山，诸侯们拥戴轩辕氏为天子，并尊称他为黄帝，黄帝在涿鹿山脚下建起了都城。

阪泉之战和涿鹿之战，是中国历史上两次非常重要的战争，战争规模很大，堪称中国历史上的第一大战。

这两场战争，结束了中国历史上氏族林立的局面，开始走向民族融合。所谓上下5000年的中国文明史，就是从黄帝时期拉开的序幕，上演了中华民族繁衍、发展的历史长剧。

20世纪90年代初期，国防大学学者房立中为了写他的代表作《论战争》，曾多次到涿鹿进行实地考察。经过多年研究，他坚信黄帝的存在是历史事实，帝都设在涿鹿。阪泉之战和涿鹿之战，在中国历史上不仅毫无疑问地发生过，而且影响久远。

据司马迁记载，当时黄帝的势力范围东至东海，西到甘肃一带，南及江淮，北达内蒙古大草原，而涿鹿是他统治的中心。所以，历史上一直把涿鹿这个地方，视为中华民族的发祥地之一。

北京大学教授王北辰为了揭开黄帝、炎帝、蚩尤的历史之谜，在20世纪80年代初期，曾多次到涿鹿县考察，依据史料记载，在涿鹿大地上寻访黄、炎、蚩尤时代的历史遗迹。

司马迁为了撰写《史记·五帝本纪》，还专门到涿鹿县进行过考察，这在《史记》上都有记载。王北辰教授认为，既然汉朝全国只有一个涿鹿县，那么，作为汉朝朝廷史官的司马迁，考察的就应该是上谷郡的涿鹿县。

王北辰教授根据汉朝上谷郡所管辖的几个县分析，他认为汉朝的涿鹿县，位于今天涿鹿县东南30千米处的矾山镇三堡村，也就是当地人称之为古城的地方。

北魏地理学家郦道元撰写的《水经注》，在总结了历代的史书典籍之后，根据山川水道的位置，对黄帝的各处史迹，记载得更加准确完整。郦道元在《水经注》第十三卷"漯水篇"的"涿水条"下记载：涿水出自涿鹿山，东北流向，经涿鹿县故城南。黄帝与蚩尤战于涿鹿之野，并在涿鹿山下建起了都城。涿水向东流又与阪泉水合，然后折向东北汇入漯水。漯水，就是今天的桑干河。

王北辰教授经过多年研究考证，根据山川水道的位置，确认位于涿鹿县矾山镇三堡村的这座古城，就是史书上记载的涿鹿故城，也就是黄帝城。

多年来，史学界对于远古时期这段历史进行了多次调查、研究、考证。但对于黄帝及黄帝时期的所在之地仍然存在疑问和争论。因此1997年3月，河北省文物局根据全国人大代表的提案要求，委派河北省文物研究所，对涿鹿故城再一次进行考古发掘。李珺受命担当这次考古发掘队队长。

▲ 古城地表丰富的历史遗物

河北省文物保护中心研究员李珺回忆道："我带着十几个人进驻现场以后，首先做了一些走访和调查，当地百姓对于这座古城很崇敬，都说它是黄帝城。有些人还从黄帝城里挖到了一些陶片、瓦罐之类的东西，但那大多是战国和秦汉时期的。这样我们就感觉压力很大。"

李珺将十几个人分成几个小组，一部分人在外围进行调查。一部分人在城内逐片逐段地对古城进行全面会诊，对古城的每一个角落都不放过。经过几天勘查，他们发现，古城内外由于村民们开垦、种植庄稼，导致遗址损毁严重，许多有价值的考古信息遭到了破坏。尽管如此，考古队在十几天的调查中，仍然发现了一些重要的线索。

他们在古城东边发现了一些战国时期的文物，但在古城南面的下七旗村附近，却发现了一些新石器时代晚期的陶片和细石器，这两个历史年代相距很大。

新石器时代晚期，距今约5000年。据此李珺初步推测，从新石器时代晚期一直到战国，涿鹿古城附近都有人类生活和居住。由当地一些民间人士搜集到的文物中也可窥见一斑。特别是涿鹿县炎黄三祖文化研究会提供的一件文物，它的完美程度，让考古队员们感到十分惊讶！

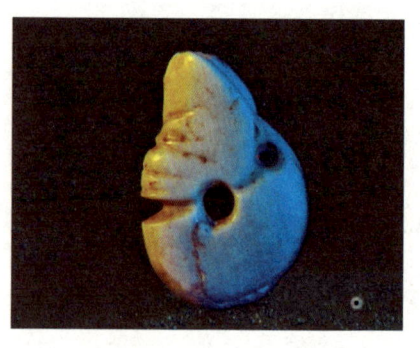

▲ 石钺——王者的权柄

钺：钺是中国古代一种两角上翘，具有弧形阔刃的劈砍兵器。先秦时期也作为统帅权威的象征物，并用于刑杀。玉制的钺，具有神圣的象征作用，表现持有者的权力。

涿鹿炎黄三祖文化研究会副会长赵育大回忆说："1996年我在黄帝城周围做文物普查时，走到一个村，这个村叫下沙河，在黄帝城南30千米的地方。到这个村访问时，老乡告诉我一个姓李的家里有一块石头。我就去看，一看这东西，我非常惊讶！是一件非常精美的石器，我用一千元把这个东西收回来了。"

经专家鉴定，这件文物属新石器时期的遗物，叫石钺。钺，在古代是王权的象征。但是，这个钺似乎很特别，它的一端是龙的头，而另一端则是鸮的脑袋，按照赵育大的分析，这也许就是黄帝时代的权柄。

鸮，是东夷集团图腾的一部分；龙头，则是黄帝的图腾。这件东西的历史年代，大约距今5000年。就是说，黄帝统一了天下，各部落首领尊黄帝为天子。以后才出现这件文物。所以，它所蕴含的文化，是融合的文化，是统一的文化。

考古队根据十几天的调查摸底所了解到的情况，经过综合分析认为，要弄清涿鹿古城的起始年代，也许只有通过考古发掘，才能还原它的历史面貌。他们决定，在城内的东北部选择地层保存比较好，土层堆积比较厚的地方布置探测点。

通过钻探及发掘，根据不同地层所反映出来的信息，古城隐藏了几千年的秘密渐次呈现出来。他们通过地层的切面分析认为，上面的耕土层厚10～30厘米。耕土层下面是战国时期的文化层，即灰土层，这是当时人们生活留下的最直接的证据，灰土层厚达60多厘米。

▲ 考古人员又有新发现

根据探坑剖面的地层和它里面所包含的陶器残片可以看出，这些陶制品大多有绳纹、压印纹和弦纹等，根据其形制和特点可以判断，这是典型战国时期的器物。而且，这里包含的遗物种类、密集程度都十分丰富。由此可以推测，这个城延续的时间比较长，当时的人口也比较密集，目前在北方地区像这么大规模的古城还不多。

特别是在第八探坑里，考古队还发现了一座古代墓葬，这一发现使考古队喜出望外。这座墓的墓葬形制是土坑竖穴墓，墓坑长约2.5米，宽约1.5米，深约2米，墓里的随葬器物略显简单。但墓里随葬的3件陶器，引起了考古队的重视。因为，在这3件陶器中，有一件陶鼎。

鼎，在商周时期作为一种礼器，规格是很高的，只有帝王或贵族才能随葬，这是一种权力和地位的象征。这座墓里出现鼎，确实让人费解。

李珺根据墓葬里出土的一鼎二豆的器形、材质和纹理图案判断，这座墓应

▲ 陶鼎——一种礼器

该是战国时期的墓葬。墓主人是男性,死亡年龄在 30～35 岁。他究竟是王,还是贵族呢?

李珺查阅了许多史书,也没有发现这方面的记载。但是,有一个大的时代背景,也许可以说明这一问题。就是战国时期是一个百家争鸣的开放时代,西周时期许多严格的礼仪制度已经被扬弃。

因此,李珺判断,这个墓里出土的陶鼎,很可能就是一种象征,或者是代表一种希望,希望死者来生称王显贵。

▲ 古城墙似乎是一个信息库

经过 1 个多月的发掘,考古队获取了大量的出土文物。通过对这些出土文物的研究和分析,确定这些文物大部分是战国到秦汉时期的。因此,初步判断,这座城在战国和秦汉时期,也许就是它的兴盛时期。但是,它究竟建于何时,从这些出土文物里却无法找到答案。要寻找这座城起始年代的证据,就得到它的关键部位——城墙里去寻找。

一连几天,李珺围绕着城墙仔细地观察,有一段西城墙已被当地村民挖去了半边墙体,在城墙裸露出的剖面上,李珺发现了夯筑城墙时留下来的穿柱孔,夯层一层一层十分明显。同时,他还发现了许多镶嵌其中的陶片、动物骨渣和料礓石等遗物。因此李珺分析,当年夯筑城墙的填土有两个来源,一个是就地挖掘的生黄土,另一个则是前人生活遗留下来的灰土。

但是,仅凭这些信息和目前所掌握的情况,仍然难以得出一个科学的结论。

因此,考古队在总结了前 1 个月工作的基础上,经过认真思考,做出了一个大胆的决定:解剖城墙。希望通过解剖城墙,揭开这座古城隐藏了几千年的历史真相。

二、圣地重现

涿鹿古城成正方形，长、宽各 500 多米，城墙底部宽约 10 米，顶部宽约 3 米。由于历史久远，风蚀雨淋，杂草丛生，如不仔细辨认，一般人很难看出这曾经是保护一方安宁的高墙壁垒。加之人为的破坏，城墙遭到不同程度的损毁。为了彻底弄清这座古城究竟是不是黄帝城，考古队决定，在保存比较完好的西城墙南段开一个探方，希望通过这次发掘，解开史学界几十年来对这座古城的种种猜测和疑惑。

▲ 探坑是深入发掘的必由之路

考古队准备对城墙的横切面做一个解剖。通过横切面，了解城墙的构造和它的建筑方法，以及建筑城墙时，留下的能够断代的相关证据。

经过 20 多天的风吹日晒，考古队发掘了一个长 3 米，宽 2 米的探方，探方掘进深度已达 3 米多。考古队还开辟了一条 50 多厘米宽的探沟。越往下挖，越显得坚硬。李珺从夯土层的坚硬程度判断，这座城墙的建筑工艺采用的是夹板夯筑法。

在后来的发掘中，证明了李珺的判断，每个夯层都有穿绳孔和穿柱孔，穿绳孔直径约 5 厘米，穿柱孔直径约 18 厘米。在考古队从上而下发掘的过程中，每一层的夯土层里，都发现了一些东西。黄土层里面夹杂有灰陶片、红陶片、陶纺轮，甚至还有兽骨之类的东西。

河北省文物保护中心研究员李珺：我们往下发掘的每一层，几乎都发现了一些陶盘、陶纺轮、绳纹板瓦的碎片，此外还有蚌壳和兽骨。而这些残陶碎片的烧制工艺，与我们在古城里捡到的，和在探坑里发掘到的陶片均有所

▲ 这一层下有了更多的发现

不同。这些陶片里都夹杂着云母，还有贝壳粉末，这种烧制陶器的工艺似乎要早于战国。

既然这些陶片早于战国，它们又是从哪里来的呢？是当时建这座城的人故意放进去的？还是把前人生活的垃圾土运到了这里，作为建城墙时的填土呢？这些残陶碎片，不但没有给我们以启示，反倒更加让我们糊涂了。

说来也巧，那天考古队员们收拾完工具准备离开。但李珺仍不甘心，似乎有一种神奇的力量吸引着他。李珺拿着一个小铲子，不停地在探坑的墙壁上敲击，当他敲到最底下一层的时候，忽然听到了空空的声音，那声音似乎在告诉他：里面可能是空洞。

考古队员们欣喜万分，1个多月来的疲惫情绪顿时一扫而光。他们小心翼翼地把坚硬的墙壁一点点地抠下来，生怕把里面的器物打碎。

李珺经过仔细观察，发现这是一件掺和着云母的夹砂红陶釜，是古代人煮饭的锅。经过清理，考古队发现，陶釜内装有猪、狗的下颌骨，还有动物肢骨、牛肋骨和鹿角等。其中，牛肋骨还经过了磨制，四边整齐，并已折为三段。还有精心打磨的玉石片，显得光亮如新。观察釜的底部，并没有烟熏火烧的痕迹，说明这个釜做好之后就被放到城墙里了，并没有实际使用过。从釜内的遗物及其组成的情况来看，李珺分析，这可能是建造城墙时，专门用于祭祀的。

古代的人们大兴土木时，都

▲ 夹砂红陶釜是建城时的祭品

要进行宰牲祭祀活动，就像现在人们建楼盖房奠基剪彩一样。这个釜的发现，非常重要。发现了它，就可以给这座古城断代了。从形制特点和烧制工艺看，这是一个典型战国时期的器皿。它埋在了城墙的最底层，说明在建城之时就把它放了进去。

既然这座城是战国时期的都城，历代史书为什么要把它作为黄帝城而记载下来呢？它们之间有无联系？是历代史学家的讹传，还是涿鹿古城就是黄帝都城的真正所在地呢？

李珺说："这个问题一直困扰着我们。在肯定了现存的涿鹿故城为战国所筑的同时，那些夹杂在城墙里的陶片，却又给我们出了一道难题。从陶来看，像是仰韶时期的。但是，由于陶片过于破碎，图案和器型都无法辨认，一时也难以下这个结论。但我们肯定，它一定早于战国时期。"

为了寻找与之相似的文化现象，连续几天，李珺围绕着城墙仔细地勘察。果然，他在古城东北角的墙基下，发现了一个20多厘米厚的浅灰色文化层，李珺判断这很可能是古代人留下的灰坑。在这个灰坑的断面处，他惊奇地发现了一些彩陶片，这些陶片对于李珺来说是十分熟悉的，从它的烧制工艺和图案花纹，他一眼便认出了这是仰韶时期的陶片。1个多月来的苦苦找寻和思考，此时犹如拨云见日。这些陶片与城墙里发现的那些碎陶片，应当属于同一个时代，也就是仰韶时期的。这一发现让李珺惊喜过望，2个月来的焦虑和困惑顿然消失。同时，他开始相信，当地百姓的传说和历史记载并非空穴来风。

▲ 仰韶时期陶片拼接的彩陶，玫瑰花图案也许是华夏民族的图腾

仰韶遗址，是20世纪20年代，在河南省渑池县仰韶村发现的一处新石器时期古代人的历史遗迹，距今为5000—7000年前。依照考古的惯例，这处古人类遗址，以仰韶村命名为仰韶文化。从此以后，凡是发现同类型文化遗迹，都被视为仰韶时期的文化遗存。因此，李珺判断，涿鹿古城很可能是仰韶时期，在人类活动的遗址上重新建造起来

> **仰韶文化：** 仰韶文化是黄河中游地区重要的新石器时代文化。于河南省三门峡市渑池县仰韶村被发现，所以被称为仰韶文化。分布在整个黄河中游（今天的甘肃省到河南省之间），以陕西省遗址最多。

的。所以，长期困扰考古学家们的一个问题，似乎有了合理的解释。那就是为什么考古队几次在涿鹿古城调查发掘，却难以发现仰韶文化的踪影？从仰韶时期到战国时期延续了2700多年，在这漫长的岁月中，由于人们筑城、建房，不断从前人生活的基础上取土，使得仰韶时期的文化层遭到了破坏。

李珺判断，涿鹿古城目前存在的城垣始建于战国。古代涿鹿城从战国时期兴建，到秦朝设置县。历经汉、三国、东晋、西晋和南北朝时期，时长700多年，大约在北魏时期被废，降格为一般城镇。在此后的1500多年里，涿鹿作为一个县，从中国的历史中消失了，而以"黄帝城"的名义，被历代史书所记载。直到1914年将原来的保安县，也就是汉朝的下洛县，改名为涿鹿县，并一直沿用至今。

当涿鹿古城的兴衰有了一个较为合理的解释时，另外一个问题仍然没有答案。那就是，即便仰韶时期涿鹿古城有人类居住和生活过，也不能说明它就是黄帝城。那么，涿鹿古城究竟是不是黄帝城呢？要证明这一点，还需要专家们在涿鹿大地、桑干河流域，继续寻找更多的证据。

河北省文物研究所库房里存放的这些文物，是数十年前由河北省文物研究所、吉林大学考古系和张家口博物馆共同组成的张家口考古队，在蔚县壶流河流域发掘出土的一部分。这些文物历史久远、内容丰富。每一件碎陶片，都是一个民族迈向文明社会的印记；每一种文化类型，都隐藏着一个民族传奇的故事。

▲ 历史的脚印，文明的足迹

蔚县，位于河北省张家口市西南部，背靠长城，面临太行山脉。东与涿鹿县接壤，北与阳原、宣化为邻，具有特殊的地理位置。1976年，河北省文物工作队在桑干河与壶流河流域进行文物普查时，在蔚县的筛子绫罗、三关和庄窠，以及涿鹿县的龙王塘等地，发现了一批新石器时期人类活动的文化遗迹。在这些地方的表土层和台地的断面上，散落着大量的陶器碎片。

为了解蔚县壶流河流域史前文明的足迹，我国考古工作者于1979—1984年，对蔚县的多处遗址进行了长达6年的考古发掘工作。

考古队在蔚县壶流河流域庄窠、筛子绫罗、四十里坡和三关等遗址，总发掘面积达5000平方米，出土了大量文物。

三关遗址，位于河北省蔚县，西合营镇三关村。遗址处在三关河两岸的台地上，面积约20万平方米，文化层堆积厚度达5米左右。1979年，张家口考古队在这里进行了大规模发掘。如今，20多年过去了，当年发掘的现场已经回填。考古队在这里发掘出了6座房屋遗址和20多座墓葬，以及大量的陶器和骨制品。

考古队在这6个房屋的遗址上，发掘出的石器有石磨棒、石斧、矢镞和石纺轮等；而陶器多是一些日常生活用具，大都是一些泥陶和夹沙陶。器型有罐、钵、甑等，其中，最为引人注目的就是一种小口尖底瓶。考古学家们认为，这些陶器的形制和图案特点，与仰韶时期庙底沟类型的陶器十分相似。

▲ 与仰韶文化一脉相承的小口尖底瓶

三关发现的仰韶文化的庙底沟类型，和庙底沟发现的基本上是一致的。可以断定：这就是庙底沟的遗物，是庙底沟类型的文化。

20世纪50年代，我国考古学家在陕西省临潼区的半坡和河南省陕县的庙底沟，又发掘了二个仰韶时期的大型遗址。这二个地方出土

庙底沟遗址：遗址内包括仰韶文化庙底沟类型和庙底沟二期文化。其中，庙底沟类型文化的分布范围包括陕西关中、山西南部以及河南西部的广大地区，是仰韶文化中最为繁盛的一个类型。庙底沟二期文化则承袭仰韶文化发展而来，后来发展成为河南龙山文化。

的典型器物，就是这种小口尖底瓶和彩陶。仰韶文化半坡类型的小口尖底瓶是葫芦口型，而庙底沟类型的小口尖底瓶则是双唇型。在仰韶文化的彩陶中半坡类型是以鱼形图案为主，而庙底沟类型则是以玫瑰花图案为主。因为这一文化发源于陕西的华山脚下，所以，有人认为，这就是华夏族称谓的由来。玫瑰花，也许就是华夏族崇拜的图腾。我国著名的考古学家苏秉琦先生，根据仰韶文化的器形特点、发展脉络和它们所处的年代，认为仰韶文化就是传说中神农氏时期的文化遗存，也是华夏民族文化的源头。

神农氏： 又称五谷帝仙，是传说中农业和医药的发明者，因他发明了农耕技术而号称神农氏。

神农氏时代距今5000—10000年，包括炎帝时代和黄帝时代。炎黄时代大致从7000年前开始，到5000年前结束，延续了大约2000年。在这2000多年的时间里，神农氏时代经历了巨大的变化，从母系氏族社会逐渐向父系氏族社会过渡。这一记载与考古学上的仰韶时期大体相对应。

因此，一些考古学家和历史学家认为仰韶文化的半坡类型，就是传说中的炎帝部落的文化遗存；而仰韶时期的庙底沟类型，是传说中的黄帝部族的文化遗存。假如真是那样的话，这两大部族同时来到张家口境内的壶流河流域就耐人寻味了。

▲ 黄帝图

庙底沟类型并不是这里土生土长的东西，是从西边传来的，来过以后它又走了。为什么会出现这种现象？这和蔚县特殊的地理环境有关系。蔚县正好处于东、西、南、北方向的交叉点上。可以推断，从各个方向过来的事、物，都可能只在这里停留一下，不过是来去匆匆的历史"过客"。

一种文化的出现，需要经历漫长的演变发展过程。而在这里，考古学家们却看不出仰韶文化的演变过程，它们突然地出现，又神秘地消失了。是什么人把它们带到了这里呢？这个族群为什么而来？他们又到哪里去了呢？

这种文化的突变性，说明在那一段历史当中，这一地区一定发生了什么重大的突发事件，才导致这个文化群体蜂拥而至，又匆匆忙忙地消失了。而留下了这些文化的碎片，让今天的人们去努力地猜想。

距今5000多年前，在桑干河流域，或者在涿鹿大地究竟发生了什么样的重大事件？

三、追根溯源

黄帝，作为中华民族的人文先祖，从他登上历史舞台开始，就以拯救天下苍生为己任，用武力平定了诸侯间的混战，将一个四分五裂的部落社会，推向了一统的国家社会。他不仅促进了氏族间的融合，奠定了中华民族的雏形，也使得当时的生产力和科技发明有了划时代的跨越，引领着中华民族的先祖们从蒙昧走向文明。

中国社科院历史所研究员王震中，多年来致力于炎黄文化研究，为了弄清楚黄帝、炎帝的历史之谜，他从寻找仰韶文化的源头着手。查阅大量的考古资料，他发现西安半坡和河南庙底沟这两处仰韶时期的文化遗迹，是经过同一个文化母体演变而来的。

要追溯仰韶文化半坡类型和庙底沟类型这两个文化群体的根源，可以追溯到距今7000多年前，生活在陕西省宝鸡市北首岭一带的先人们创造的一种文化。有一种非常典型的器皿，叫作小口尖底瓶，也被称作葫芦形尖底瓶。这类的瓶子在陕西省的西安半坡、临潼姜寨都有大量的发现。

与此相关的鱼鸟图像、花卉图案的产生时间，都在陕西省北首岭得到证实。在距今5500多年以前，仰韶文化是统一的。从距今约5500年起，统一的仰韶文化一分为二，发生了文化的裂变，才产生了半坡和庙底沟这两种类型。那么，仰韶文

▲ 小口尖底瓶是仰韶文化的典型陶器

化的半坡类型和庙底沟类型,与传说中的黄帝和炎帝这两大族群又有什么关系呢?

《国语·晋语》记载:很久以前,有一个叫少典的人,娶有侨氏为妻,生下了黄帝和炎帝。黄帝居住在姬水一带,炎帝居住在姜水一带。他们成年以后,有了各自的领地,但是他们却不能同心同德。所以,黄帝建立了姬姓部落,炎帝建立了姜姓部落,由此可见,二者是由同一个族群分化而来的。

根据一些专家考证,以炎帝为代表的姜姓部落,顺着渭河、黄河南岸逐渐向东扩展,到达河南及河北的南部地区。而以黄帝为代表的姬姓部落,则沿北洛水南下到达大荔、朝邑。后又东渡黄河,顺着中条山和太行山朝东北迁徙,经过千里跋涉,来到了燕山西北部的桑干河流域,定居了下来。考古发现,如果半坡类型是炎帝部落的文化遗存,庙底沟类型就是黄帝部落的文化遗存。这样,仰韶文化的分布范围与炎帝和黄帝两个部族的活动范围恰好吻合。它们发源于陕西关中地区的华山脚下,分布范围西至渭水上游,东过陇海铁路,北到河套和燕山以北地区,南到江汉。

在张家口市涿鹿县、蔚县一带发现了仰韶文化,说明在距今5000多年前,黄帝和炎帝两个部落曾经到达了这一地区。一些专家认为,《史记·五帝本纪》中提到的阪泉之战和涿鹿之战,不是传说,而是信史。

《史记·五帝本纪》记载,黄帝和炎帝在一个名叫阪泉的地方发生了冲突,经过三次大战,黄帝战胜了炎帝,炎帝被迫臣服了黄帝,并与之结为同盟。但是,令人不解的是,黄帝和炎帝既然同出于一个母系氏族部落,为什么还兵戎相见呢?

中国社科院历史研究所教授王震中回答了这个问题:黄帝和炎帝虽然出自一个亲属部落,但是,从他们离开这个母系氏族部落,沿着不同的路线向东扩张和迁徙,到达阪泉之战的时候已经很遥远了。当时一个大的社会背景,是神农氏衰落,诸侯之间相互征战,给百姓带来了深重灾难。在这种情况下,黄帝作为比较强盛的一个部落,起兵征服这些作乱者。炎帝的权威就受到了挑战,因此他不甘心,与黄帝在阪泉展开了较量。

阪泉之战的发生地究竟在哪里呢?

涿鹿县矾山镇四堡村有一位农民叫李仲祥,1981年夏,他家在盖房子挖地基的时候,挖出了一个古代墓葬,在这个墓葬里他们发现了随葬的石人、石兽等许多稀罕的东西。其中最重要的一件文物是一块板瓦地券,这引起了当地学者的注意。

▲ 地券记载的与《汉书·刑法志》所述相符

这块地券现存放在涿鹿县文物管理所,地券上记载,矾山镇阪水弥勒禅寺主持林泉老人,感念郭荣对寺庙的善举,特划出这块地作为郭荣的坟茔。这传达出一个重要的信息:当时这个地方就叫阪水村。那么这个阪水村和史书上记载的黄帝战炎帝的阪泉有无联系呢?张家口市文联作家曲晨,根据板瓦地券上提供的这一线索,查阅了大量的史书典籍。发现东汉末年有一位学者叫文颖,他在《汉书·刑法志》涿鹿之野词条下作注解时说:"涿鹿在上谷郡,今见有阪泉地,黄帝祠"。

文颖这一注解很有价值,他明确指出,当时的上谷郡涿鹿县境内,的确有阪泉地和黄帝祠。离现在的涿鹿城只有30多千米。

唐朝初期成书的《括地志》,对这一记载更加明确。阪泉,到了唐朝就叫黄帝泉了。黄帝泉在妫州怀戎县东南28千米。唐朝时的妫州怀戎县就是今天涿鹿县的保岱乡。泉水出2.5千米到涿鹿东北与涿水汇合,涿鹿古城也在妫州怀戎东南25千米,

▲ 故人已去史悠悠,清泉依旧汩汩流

那里原来是黄帝的都城。这些记载说明，阪泉和涿鹿是同一个地方，就是今天的涿鹿县矾山镇。这些遗迹，是历史留在大地上的烙印，它们是靠史书记载和当地群众一代代传说、记忆而流传下来的。

黄帝泉位于涿鹿古城东南500多米，水池为圆形，周长近百米，池面3000多平方米，水深3米多，水质清澈见底，水量充沛，每天水流量近5000立方米。据国家地矿部和卫生部的有关科研部门测定，这个泉水富含多种矿物质，是优质的天然矿泉水。几千年来，它随着黄帝的史迹之谜，被载入史册代代相传。并以它优质、甘甜、纯洁的泉水，滋养着生活在这里的人们。

为了揭开炎黄文化的历史之谜，诸多历史学家、考古学家和民间人士，对涿鹿大地上的一些文化遗存进行了深入的考证，通过几十年锲而不舍的研究，逐渐逼近了历史的真相。

《史记·五帝本纪》记载，涿鹿之战黄帝打败蚩尤以后，又驱逐了北方的荤粥部落，在釜山统一了各部族的符契。各地诸侯和部落首领拥戴轩辕氏为黄帝，这标志着国家走向统一的开端。

史书上记载的釜山，就是涿鹿县保岱村这个釜山吗？

国防大学学者房立中认为：根据唐朝《括地志》记载，这个釜山就应该在妫州的某个地方，这在历史上是没有问题的。

▲ 釜山依旧在，黄帝名千古

根据唐朝的《括地志》记载，釜山，在妫州怀戎县北1.5千米，山上有舜庙。原北京大学教授王北辰先生，对此曾进行过多次实地考察和专门的研究。他认为，涿鹿县保岱乡西边这座废弃的古城，就是唐朝妫州城的遗址。因此，他认为涿鹿县保岱乡窑子头村的这座山，就应该是史书中记载的釜山，这和当地百姓们的传说吻合。

在釜山的表面及其周围的田埂上，到处都散落着砖头瓦块，似乎表明这里曾经有过规模不小的建筑群。当年这里有3座大庙，一座叫尧庙，一座叫舜庙，还有一座叫瞽叟祠。瞽叟是舜的父亲，盲人老头，德高望重。这个地方挨着桑干河，水草丰茂、土地肥沃，庙有很多，尧、舜、禹的庙都在这儿。

由此可见，这里曾经是一个历史文化十分悠久的圣地。但是，也有专家认为，黄帝与各路诸侯会盟釜山、统一符契，是一项重要的政治活动。符契，是古代帝王授权臣属带兵征战或是办理公务的一种凭证。最初用石器，后来逐渐用金、铜、玉制作，一分为二，一半由帝王掌握，另一半交与办差的人持有，当差的人办完差事，把符契交回与帝王所持的另一半相合，这便是合符。

黄帝合符釜山，是平定了天下暴乱之后，与各路诸侯会盟釜山庆功，祭告天地，登上帝位，定都涿鹿的一次盛典。这么重要的一项政治活动，黄帝为什么要选在这个高山之巅来进行呢？

曲晨认为这个釜山，就是现在的矾山。釜山合符，它是统一全国以后搜集符契，是一个发兵令牌的地方，相当后世开国大典时的阅兵式。所以，不可能带上千军万马到30千米以外一个山头上去。釜山，就是制造量器"鬴"的地方，就是现在的矾山。

在涿鹿县温泉屯乡李虎沟村南有一座山，这座山的主峰上奇怪地形成了一个天然的窟窿，凌空看去恰似一座桥梁，当地人称之为陵寝山。中国古代，帝王的葬身之地称之为陵寝地。那么，当地百姓为什么称这座山为陵寝山呢？

《史记·五帝本纪》记载，黄帝死后，埋葬在桥山。桥山和这个陵寝山有什么联系呢？老百姓说的这个陵寝山就是司马迁记载的桥山吗？曲晨带着这些疑问，首先从司马迁的《史记》中寻找答案。司马迁撰写《史记·五帝本纪》的资料和信息来源有两条：一条是春秋时期诸子百家的记载；另一条就是他自己到涿鹿考察时从民间搜集到的传说。但是，司马迁虽然在《史记》中记载了"黄帝崩，葬桥山。"却没有指出桥山的确切地理位置，这给后来的

> 《山海经》：先秦古籍，是一部富于神话传说的最古老的地理书。它主要记述了古代地理、物产、神话、巫术、宗教、民俗等。最具代表性的神话寓言故事有夸父逐日、女娲补天、精卫填海、鲧禹治水等。

史学家和华夏儿女留下了一个千古之谜。

《山海经》在海外西经里记载，灵山的北面是轩辕之国，轩辕之国的北面是穹山，这个灵山就是涿鹿和北京市现在的界山。

北面的轩辕之国，就是黄帝城。黄帝城北面是穹山，这正好是当地人说的陵寝地，就是这个穹山。所以，曲辰认为这是司马迁随汉武帝祭桥山的时候，根据当时的观察所记：山上有个石桥，记成了黄帝崩，葬桥山了。

《魏书·土地记》记载："下洛城东南40里有桥山，山下有温泉，泉上有祭堂，雕檐华宇，被于浦上，石池吐泉，汤汤其下。"今天的涿鹿县，就是三国时期的下洛城所在地，东南20千米正是现在的温泉屯乡。但是，温泉上的祭堂不见了，而桥山仍然屹立在涿鹿大地上。

▲ 史书记载、民间传说、考古发现对证了陵寝山的存在

根据汉朝和唐朝的史书记载，当时，桥山脚下的温泉屯，已经建有寺庙和祭堂了。根据辽时期的史书记载，995年的时候，朝廷还大修了一次涿鹿桥山的黄帝庙。但是，到了元朝的至顺四年，即1333年2月，涿鹿地区发生了一次大地震，当时涿鹿这个地方地面上的建筑几乎被夷为平地。

桥山黄帝庙成为千古之谜，还有更复杂的历史背景。有学者认为，在汉朝以前桥山的记载是清楚的，就是河北省涿鹿县境内的桥山，当时全国仅此一地。《史记·封禅书》记载，汉武帝元封元年，即公元前110年冬，汉武帝到北方巡视，统兵10余万，还到涿鹿祭奠过黄帝冢桥山。

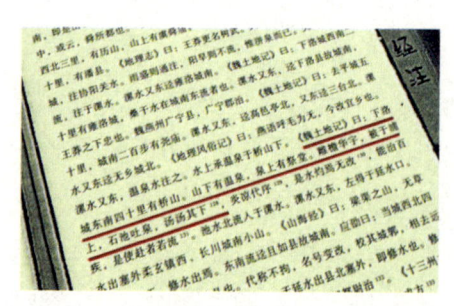
▲《水经注》"魏地·桥山记"对桥山、温泉有详细记载

北魏时期，由于拓跋鲜卑家族认为他们就是黄帝的后代，所以，从415年开始，在其后的50年里，有明元帝、太武帝、文成帝三人四次，到涿鹿桥山黄帝庙祭奠黄帝。隋唐以后把黄帝、炎帝等人文始祖的牌位，请到帝都的明堂中供奉并祭奠。

四、龙行天下

高文泰在姜家梁开荒时，挖出了一个骷髅，还挖出了一些残骸。他是在这个村庄长大，从没有听说这里有墓地，究竟是一起凶杀案，还是古代人的墓葬呢？

高文泰把这情况报告给乡政府，乡政府又反映给公安局。于是，公安局派两名干警，在高文泰的带领下，来到了姜家梁进行实地勘查。

干警们经过仔细辨认，排除了凶杀案的可能，认为这很可能是古人的墓葬。

河北省文物局副局长谢飞称，当时我派李珺带了几个民工前去阳原姜家梁一带，做了1个多月的勘查，发现那里地下是熟土层。所谓熟土层，就是指有人翻动过的土。我们考古主要是靠判断土层的生熟，来确定地下是否有东西。根据探测的情况，我们判断那下面应该有东西。但究竟有什么？是灰坑，还是墓葬？在没有发掘之前我们不能妄下定论。

1995年6月，河北省文物考古研究所和北京大学文博学院，联合对阳原县姜家梁遗址进行发掘。共划分16个探方，基本涵盖了姜家梁遗址，然后开始发掘。

考古队经过几天的忙碌，铲去上面30多厘米的表土层后，发现这是一个排列有序的墓葬群。这些墓大多是土坑竖穴墓，大部分是单人墓，墓主人多为仰身屈肢，而在M47号墓里却出现了例外。考古队经过几天的发掘，发现了3具尸骸成上下叠压式的奇怪现象。从这3具尸骸的叠压情况和完整程度看，这个墓葬没有被扰乱的迹象，说明这个墓既不是二次埋葬，也没有被

▲ 这种丧葬形式是神农氏时期的风俗

盗过，而是3具尸体同时下葬的，并且严格遵循仰身屈肢的方式，这使李珺百思不得其解。

李珺称，姜家梁墓地遗址非常独特，像这样大规模的墓葬群，在河北省还是首次发掘。所以，我们在发掘墓葬的时候，格外小心，生怕疏漏了那些隐藏在泥土里的细节。

一天下午，考古队刚上班不久，技工高文泰在清理M75号墓时，在墓主人的颈部右侧，发现了一个鹌鹑蛋大小的东西，被泥土包裹着，他小心翼翼地擦去上面的泥土，仍然无法辨认出是个什么东西。于是，他请考古队长李珺前来看个究竟。

李珺说，我把泥土搓掉以后，隐约看到一个造型，我的脑海里突然迸出一个词：玉猪龙。

这件玉猪龙现珍藏在河北省博物馆，玉猪龙呈乳白色，高3.3厘米，宽2.6厘米。猪首双耳高耸，嘴微微向前伸，鼻子上有阴刻的皱纹，身体蜷曲，首尾相对，中间对钻出一个大孔，耳后还有一个小穿孔，形象生动，制作十分精美。那么，这件玉猪龙能说明什么？

▲ 玉猪龙是红山文化的典型遗物

李珺过去研究过玉猪龙，这是典型的红山文化遗物。

红山即是内蒙古赤峰，20世纪30年代，在赤峰老哈河畔的红山发现的一个新石器时代遗址，这个遗址距今已有5000多年的历史，与仰韶文化后期处于同一时代。红山文化的代表性遗

红山文化：红山文化年代为公元前4000—前3000年，是燕山以北、大凌河与西辽河上游流域的部落集团所创造的农业文化。因最早发现于内蒙古自治区赤峰市郊的红山后遗址而得名。

址,位于辽河流域的牛河梁遗址。在那里,考古学家们发现了大型的神庙遗址和女神像,这是一个氏族向文明社会迈进的重要标志。但是,红山文化最具有代表性的器物是这种玉雕龙。考古学家们推测,这种玉雕龙,也许就是生活在这一地区的人们崇拜的图腾,也是中国龙文化的起源。因此,我国著名的考古学家苏秉琦先生,根据他多年的研究认为,黄帝部落就是以龙为图腾的。只有红山文化的时空框架和文化内涵,可以与黄帝部族的活动范围相对应。这一结论,与以往史书中记载的黄帝部族起源于陕西渭水,南辕北辙、相去甚远。

更重要的是,目前考古发现的诸多文化类型中,红山文化在中国文明起源中曾遥遥领先。特别是玉雕龙的出现,不仅可以揭示中国文明的起源,而且对了解黄帝时代的历史和文化也意义重大。

▲ 出土的陶器同样具有红山文化特征

M75号墓只有一具骨骸,仰身屈肢,头偏向右侧,那件玉猪龙就放在墓主人颈部。李珺根据墓主人的形体特征和牙齿磨损状况判断,墓主人是一位女性,年龄大约在40岁。当李珺对这个墓有了一个初步的了解之后,便把这一消息报告给了谢飞。

谢飞听到这个消息十分高兴。这一发现非同小可,说明在距今5000多年前,张家口地区属于红山文化圈。如果红山文化正像苏秉琦先生所说,是黄帝部族创造的文化,那么,这就为黄帝战炎帝与黄帝战蚩尤,找到了具有说服力的依据,也最接近历史的真实。

考古队在姜家梁墓地,不仅发现了具有红山文化代表性的玉猪龙,同时还发现了几十件具有红山文化特征的陶器和大量的石器与骨器。多少年来河北省文物考古部门一直在桑干河流域寻找史前文明的历史证据,而这一次考古的重大发现,是考古队巨大的收获。

▲ 房屋遗址上的生活遗物

考古队在另一类墓葬里发现，墓主人的头部和脚底随葬的陶器，显然是在墓主人下葬时故意打碎随葬的。那么，他们为什么要把陶器打碎随葬呢？这种随葬习俗，肯定反映了当时人们的一种特殊心理。这种现象在两河流域，伊拉克境内的幼发拉底河和底格里斯河，在那里的哈拉夫文化中被称为"毁器"。但这里"毁器"背后的深层原因还不清楚。

根据姜家梁墓地出土的陶器类型，考古队将其定性为红山文化。但是，它却融入了西北文化因素，甚至是中亚地区的文化内涵，这又说明了什么呢？

根据考古发现和历史记载，考古队分析，这很可能与阪泉之战和涿鹿之战有关，是以一种激烈的方式达到统一融合的目的。随之文化生活、生产方式和宗教信仰，也会被同化或者改变。

针对这一情况，考古队将这次发掘出的所有遗骸进行了收集，特别是能够反映人种、性别、年龄的头骨和盆骨，用绵纸精心打包装箱，运往吉林大学考古DNA实验室，进行体质人类学分析和研究。考古队希望吉林大学的专家们，运用现代科技手段，对这个墓地的人种和族群关系、遗传基因、社会组织、时代特征等做出科学的结论。以便考古队更真切地认识和了解这个墓地的人们所处的时代，以及他们所代表的族群。

在姜家梁墓地，考古队经过1个多月的发掘，除了墓葬之外，他们还发现了7处古人的房屋遗址。这些房屋遗址成不规则四方形，每个房屋遗址的面积约30平方米，房屋基址均低于地面50多厘米。地面都进行过硬化处理，并有多处红烧土的痕迹，这说明古人对地面进行过烧烤，以此起到防潮保暖的作用。在墙基四周还有一些排列整齐的柱洞，而在房屋的东南角，是古人出入房屋的门道。在房屋南部的墙基下，考古队发现了灶坑，灶坑经过长时间的烧烤，形成了约5厘米厚的红烧土硬壁。考古队在这个灶坑里发现了许多珍贵的遗物，其中有木炭、烧烤过的动物骨骼，还有一些细小的石叶、石片等。

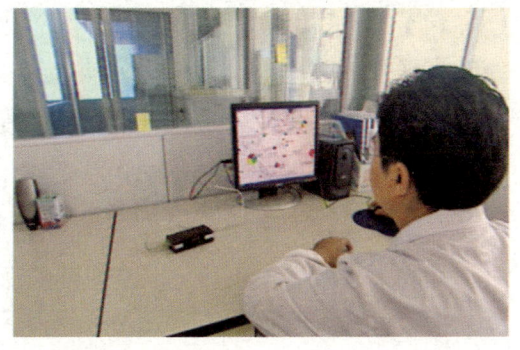
▲ 破解DNA是打开古人类秘密的金钥匙

这些房屋的发现，使姜家梁遗址的文化内涵变得更加复杂，也给考古队认识姜家梁遗址又出了一道难题。大家迷惑不解的是：墓葬和房屋，为什么会建在同一块台地上呢？究竟是墓葬挖在了房基上？还是房基建在了坟墓上呢？

经过1个多月的清理，房基和墓葬的关系逐渐清晰了。有的墓葬就直接挖在了房基上，是墓葬打破了房基的完整性。说明房基在先，墓葬在后。另外，从房址和墓葬里出土的文物也大相径庭，相互之间看不出有任何的联系。考古队判断，房屋遗址和墓葬群，不属于同一个时代。

考古队虽然弄清楚了墓葬和房屋的年代早晚关系，却无法确定他们各自所处的年代。因此，考古队从房屋遗址出土的动物骨骼和木炭中，提取了部分样本，送往北京大学科技考古与文物保护实验室做碳-14测定。通过碳-14测定，为房屋遗址断代，寻找这些房子的主人。

吉林大学边疆考古学研究中心拥有中国考古界第一个考古DNA实验室。当时，考古DNA研究在国际上也是一门新兴学科。它是通过提取古人骨里的DNA，进行扩增、测序和分析，对古代墓地个体和群体之间的遗传关系做出正确的判断，从而揭示古代墓地里的人们所处时代的社会性质、社会组织结构和族属关系等。

吉林大学边疆考古研究中心主任朱泓称，姜家梁的这个研究成果，应该是我们吉林大学古DNA研究的第一个成果。当时我们是这样设计这个课题的：姜家梁墓地的埋葬制度，决定了它的社会属性可能是比较复杂的。用传统的方法我们解决不了，包括体质人类学的鉴定方法都解决不了。在这种情况下，我们的研究途径是从这批骨骼中提取线粒体DNA。通过线粒体DNA，探讨不同死者之间的母系遗传学关系。

专家假设，姜家梁墓地如果是一个母系氏族社会的墓地，那么这个墓地里埋葬的不管有多少墓葬，以及埋葬的形式是男的女的在一起，都没有关系。所有的这些死者，他们在谱系学的遗传关系上，应该是有同一个谱系的。线粒体DNA检测能解决这个问题。

吉林大学边疆考古学研究中心的专家们从姜家梁墓地送来的遗骸中，选取了10例人骨作为试验对象，这10个样品分别属于4个合葬墓。

专家们通过DNA序列排比，发现姜家梁墓地10个样品中，有9个不同的DNA序列。这一试验结果，为探讨姜家梁墓地的社会性质，提供了一条十分重要的分子生物学佐证。当初，考古队根据姜家梁墓地的形制、葬俗，还有那个戴玉猪龙女性尸骸的出现，判断这是一个家族墓地，时代当为母系氏族社会。但是，这一试验结果，改变了考古队原来的判断。

根据传统的民族学理论，所谓母系氏族，就是指有共同的血缘关系的成员，生前共同生活在一起，死后要葬在同一个墓地。也就是说，如果姜家梁墓地，它是属于母系氏族社会，那么这4个合葬墓中的10例个体，他们的个体应该具有相同的母系血亲关系，他们应具有相同的DNA序列。

这一结论，很快被北京大学科技考古与文物保护实验室做的碳-14测定所证实。姜家梁墓地遗址距今约5000年，而房屋遗址距今约6800年。这一时间段，恰好与考古学上的仰韶文化所处的时代相吻合，也与史书中记载的神农氏时代相对应。由此可以肯定，姜家梁房屋遗址属于神农氏时代前期，而墓葬则属于神农氏时代后期。那么，这些房屋遗址和墓葬都是什么人留下来的呢？

要弄清他们的文化面貌，还需要做大量的研究工作。根据现已掌握的材料，发现姜家梁墓地与内蒙古赤峰大南沟墓地的文化面貌相似，在墓葬分布排列、墓葬形制、葬式葬俗，以及随葬品方面，均相同或相近。

内蒙古赤峰大南沟墓地，正是红山文化的发祥地。考古学家根据大南沟墓地的文化面貌，将它们定为后红山文化。因此，李珺认为，姜家梁墓地所处的时代和它的族属关系，也应当与大南沟墓地相同。

此外，与阳原县相邻的蔚县和涿鹿县多处遗址出土的陶器，也都与姜家梁墓地出土的陶器相似。这些文物的发现，说明在距今5000多年前，创造红山文化的族群，基本上统治了燕山南北以及桑干河流域。那么，以姜家梁墓地为代表的这些古人类是怎样的一个族群呢？

姜家梁这批古代先民，他们的人种类型应该属于古华北居民。这个结果和DNA分析的结果是吻合的，是一致的。这个古华北类型人的主要分布区，在先秦时期，是以内蒙古的中南部和冀北、陕北、雁北，也就是山西省的北部，为中心分布区。

这一研究成果表明，古华北类型的居民，在距今5000年前后就逐渐形成了。因此，专家们推断，古华北人种，很可能就是涿鹿大战之后，由黄帝部落、炎帝部落和蚩尤部落，三大部落融合的结果。古华北人类生活的核心区域是内蒙古的中南部、河北省的北部、山西省的北部和陕西省的北部。他们活动的外延，东边到达了西辽河流域和下辽河流域，也就是今天内蒙古的赤峰市，以及辽宁省的大部分地区，而这个范围恰好是考古学上命名的红山文化的势力范围。

为了弄清楚古华北人种的面貌，认识我们的先祖，吉林大学边疆考古学研究中心还受河北省文物局的委托，从姜家梁墓地选取了一个完整的男性头骨，用电脑三维成像原理，复原了他的面貌，让我们穿过5000多年的时空隧道，真切地看到了我们的先祖与我们是多么相似。

▲ 现代科学复原了5000多年前古华北人形象

河北省文物局在张家口市桑干河流域一系列的重大考古发现，证明了在距今5000多年前，这一地区人类活动十分活跃，创造了光辉灿烂的古代文明。在这一地区发现的有仰韶文化、红山文化、后岗文化，以及龙山文化等多个文化类型。说明使用这些生产、生活工具的人们，曾经到达过这一地区。像这样在距今5000多年前，多个族群、多种文化同时汇聚一地的现象，到目前为止，全国考古界发现的仅此一地。

因此，我国著名的考古学家苏秉琦先生，把距今5000多年前影响中国历史进程的涿鹿之战和阪泉之战，称之为两次南北文化的大碰撞。通过考古发现，这两次文化大碰撞的运动路线与交汇地点，恰似一个"Y"字形路线图。因此，苏秉琦先生称张家口地区是中国史前文明两次南北文化交汇的"三岔口"，也是南北文化交流与融合的双向通道。

张家口市位于燕山山脉和太行山山脉以北，是欧亚大陆农牧交错地带的东端起点。上古时期的和平年代，这里是农牧民族物质文化交流、中央王朝与北方民族交往的要冲；战争时期，这里则是兵家必争之地。根据历史记载和近年的考古发现，这一形势从距今5000多年前就已形成，位于张家口市南部的涿鹿县，就曾经是黄帝与炎帝和黄帝与蚩尤争霸的古战场，也是三大族团走向融合的开端。

如今，战争的厮杀与呐喊，早已湮没在历史的尘埃中。但是，黄帝、炎帝和蚩尤三大人文始祖，留在涿鹿大地上的故事，却从来都没有被湮没。

1954年初春的一天，河南省郑州市东北角司家庄的一位村民，赶着马车到邻近的白家庄拉土。白家庄村头以西有一道南北走向的土寨墙，村民们习惯了每天从它旁边走过，对它的来龙去脉却没人说得清。

叩醒商都

那天，取土的村民和往常一样，慢条斯理地将寨墙下淤积的沙土一锹一锹地装上车，然而这不经意间的取土，竟惊动了中国考古界。

取土的村民装车时，掉下一个圆乎乎的东西，绿绿的长满铜锈，捡起来一看好像是件古物。他抱起来，急忙赶着马车要走。但被周围干活的村民看见，就将他拦住了。街道办事处收缴了这件古物，并将此事反映给为配合河南省会由开封迁往郑州，在郑州市进行考古普查的省文物考古工作组。工作组当即派人赶往事发现场，初步鉴定，这是一件带有明显商朝特征的铜罍，属商朝贵族日常使用的容器。

土寨墙里怎么会有商朝器物？为了弄清真相，考古人员决定对白家庄的土寨墙进行发掘。由此一个惊世骇俗的考古大发现逐步揭开了序幕。

当年考古工作组由安金槐先生带领，他们在出现铜罍的地方开挖探沟，发现了两座相互叠压的古墓葬，清理后确认是商朝墓。

根据地层提供的信息，考古人员知道这两座墓葬均坐落于夯土之上。所谓夯土也就是用石杵夯打过的土层，是人类在没有发明烧制砖瓦前采用的一

◀ 挖掘出两座互相叠压的商朝墓

种建筑方式。中国古代多采用这种方式建造城墙、房屋、墓葬等大型的建筑。当年考古工作者根据白家庄墓葬中出土的铜器和夯土层中夹杂的部分陶片，断定墓葬属郑州商朝二里岗文化层。

原河南省文物考古研究所所长杨育彬介绍：考古方面有个不成文的规则，一个新东西最早在哪儿发现，就以这个地名命名这个发现。郑州商朝遗址是在二里岗首先发现的，所以被命名为二里岗文化。

二里岗遗址，位于郑州东部，距城中心 1 千米之遥，因黄河泛滥淤积成高地，故名二里岗。说到二里岗遗址，就不能不提一个叫韩维周的人，正是他让这座普通的土丘名扬天下，成为郑州历史记忆中的一个特殊符号。

韩维周早年就读于开封河南国学专修馆，毕业后被省古迹研究会录用。曾参与安阳殷墟的发掘。受此影响，不论走到哪里，他的目光总会落在一些不被人关注的地方。

1950 年深秋的一天，时任郑县即今天郑州南学街小学教师的韩维周，又一次来到二里岗。当时的二里岗一片萧瑟，他踏着草丛，习惯性地观察着眼前的每一块残砖碎瓦。忽然，他被一块印有绳纹的陶片吸引。陶片让韩维周冥冥之中嗅到一丝远古的气息。他根据多年积累的经验判断：这里是一处商朝文化遗址。

随即，他报告了河南省文物管理委员会。

接到韩维周报告后，河南省文物管理委员会当即派出考古人员实地调查。

调查发现二里岗保留着大量的商朝遗迹,从而证实了韩维周判断的正确性。1951年春,中国科学院考古研究所得知这一消息后,派专家来郑州进行了更深入的考古调查,进一步证实这里的确是一处重要的商朝遗址,而且时间比安阳殷墟更早,面积更广阔。但究竟是一处什么性质的遗址,尚不得而知。然而,韩维周的命运自此与二里岗、郑州商城发掘紧紧地拴在了一起。

河南省博物院研究员苏湲回忆说,1956年,因为塌方时韩维周被压在了沟底,致使腿部落下残疾。1957年韩维周受到不公正待遇被遣返老家巩义,接受劳动改造,在批斗中,打骂他都能忍受,但要砸碎他所采集的陶片,他却流着泪央求别人,1960年韩维周在病痛和饥饿中含冤而死。

1954年,在郑州白家庄发掘商朝墓葬的安金槐一行人,经数日的发掘始终没有触及夯土以外的生土层,这意味着还没有挖到墓葬的底部,下面还埋藏着鲜为人知的秘密。因为根据安阳殷墟大墓的发掘经验,商朝大墓中的填土都是夯实的。此时,安金槐处在极度亢奋中,他强烈地意识到这里可能是一处他梦寐以求的商朝大墓。

随着挖掘工作的进展,一个个清晰的夯筑痕迹令他和同事们兴奋不已。这片古老而神秘的土地,充满玄机。因为自1950年韩维周发现二里岗商朝遗址以来,连续几年的考古发掘都没有取得突破性进展,假如这次他们真能够挖到一座大墓,那将是一个什么样的奇迹,谁也无法料想。

为了进一步搞清大墓的轮廓,考古人员对夯土层进行了解剖性的开沟发掘。继而他们在夯土层的四面同时开挖探沟,很快南、北探沟找到了宽20余米的夯土层的尽头,但东西两端却依然不见边缘,依旧神秘地向前延伸着……

原河南省文物考古研究所党委书记王润杰说,我们在二里岗发掘时,只是发现了商朝遗址,不知道有没有城墙。在这地方发现了青铜器后,经过清理,知道是商朝墓,商朝墓下面是夯土,很硬的夯土,但是不知道这里是不是城。

据安阳小屯发掘提供的信息,殷墟王陵大墓一般长五六十米,深八九米。

但郑州白家庄发现的夯土层却已向东西两端延伸了百米开外，依然不见尽头。处在迷惑中的考古队员仍满怀希望，沿着夯土层继续寻找，从100米到200米，直至300米，地下的夯土层仍然延伸着。此刻，参加发掘的人都意识到，当初把夯土层推断为大墓的结论不对，因为根本不可能有如此之大的墓葬。

　　河南古代研究所副研究员张建中说，最初怀疑是墓葬，这时候又怀疑它是个河堤，因为金水河是从夯土层的北面流过，当时没想着会是城墙，认为可能是古人挡水用的吧。

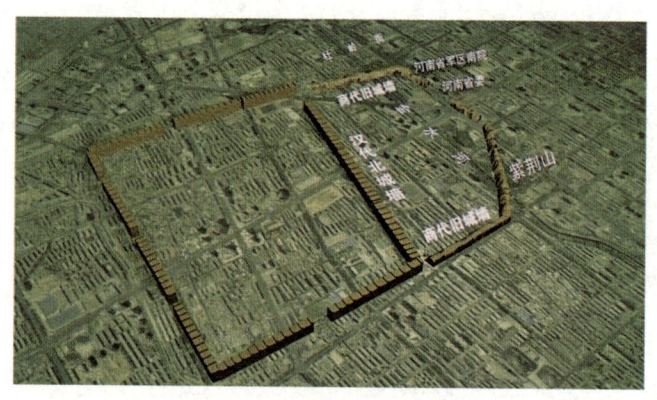

▲ 夯土层似乎没有尽头

　　为了证实这一推断，考古队员沿着夯土延伸的方位一字排开，继续探寻着它的走向。在坚硬的夯土层上，每打进一铲都十分费力，一个探孔接着一个探孔地向前推进，此刻谁也没有意识到事情正在悄然改变着……

　　当夯土层延伸到白家庄村外，突然出现的转弯开始由东向南延伸，直到和汉朝东城墙下的商朝夯土叠压。这一超乎人们预料的情况，使他们又一次陷入了迷茫。这显然不是什么防洪的土坝，情况显得更加扑朔迷离。

　　既不是大墓，又不是河堤，那么这地下夯土层是什么呢？

　　为了最终找到答案，发掘者们加大了对夯土层的钻探力度。结果发现夯土层的西端穿过金水河后，由紫荆山一路向西，沿着金水大道越过河南省委大院，到河南省军区南院，直至延伸到杜岭街又向南拐，再次穿越金水河直到与汉朝旧城的西北角相衔接。

商朝距今已有 3600 多年，是我国历史上第二个强大的奴隶制国家，延续了近 600 年，历经 17 世 31 王。商朝的历史以盘庚为界，分为前后两个时期。商朝前期，从商汤建国到盘庚迁殷共历 9 世 19 王。这一时期，是商王朝建立并逐步巩固发展阶段，历时 320 余年。自仲丁之后因为内部权利之争和洪水泛滥，都城始终处在迁徙不定中。是盘庚将国都最终从奄即山东曲阜迁到了殷地，也就是今天的安阳，这便是历史上著名的"盘庚迁殷"。

> **盘庚：** 商朝第 20 位国王，也是一位很有作为的国王。他为了改变当时社会不安定的局面，将都城搬迁到殷，在那里整顿商朝的政治。他还提倡节俭，改良风气，减轻剥削，终于安定了局面，终于使衰落的商朝出现了复兴的局面，商王朝从此中兴。

郑州发现商朝大型遗址的消息不胫而走，再一次惊动了中国考古界。就在安金槐和他的队伍困扰于错综复杂的地下迷宫时，首任国家文物局副局长王冶秋带领著名考古学家、北京猿人头盖骨发现者之一的裴文中和中科院考古研究所副所长夏鼐等专家来到郑州。

在发掘现场，这些中国考古界的大师们亲自参与发掘，还将自己多年积累的经验传授给当地考古工作者。他们的到来，为郑州商朝遗址的发掘及河南考古队伍的培养奠定了基础。

正是这些考古大师们的传授，使得安金槐从一张布满问号的大网中，找到了解读郑州商朝地下夯土层的突破口。安金槐的脑海中闪现出"商朝城垣遗址"的想法，将郑州与 3000 多年前的城市文明链接在了一起。

这想法把安金槐吓了一跳，因为在此之前，安阳殷墟数十年的考古发掘，除发现有宫殿基址、大型排水沟、大面积的祭祀坑、车马坑以及大规模的王室墓葬群外，始终没出现过城垣遗址，因此专家们普遍认为，殷商晚期国力强大，周围一些小的藩属国不足以对其构成威胁，国都的安全除有周围水系作为屏障外，主要靠四夷和诸侯来守卫，因此不需要构筑城墙防范御敌。3300多年前的殷墟不见城墙，那么早于它数百年的郑州商朝遗址会有城墙吗？

殷墟是1928年发掘的，在殷墟的范围内没发现城墙，所以有专家提出商朝不一定有城墙。

考古用实物说话，为了验证是否为城垣遗址，面对时隐时现的夯土层，安金槐与他的同事根据地面上露出的痕迹，沿着夯土层向南、向北、向西分段开挖探沟。这一发掘过程经历了春夏秋冬，结果发现，被叠压在历代城墙下或保留在地面上的夯土层都与白家庄延伸过来的夯土相连接。

一天，安金槐回到简陋的办公室，当他把工作进展情况详细地标注在平面图上时，眼前猛然一亮，他发现苦苦追寻的商朝夯土层，已出现了东、西、北三面的环绕。只要能够找到南面的那堵夯土墙，所有的问题便迎刃而解。这一发现令安金槐欣喜若狂，他明白结果将意味着什么。

河南古代研究所副研究员张建中介绍：这个时候我们已经意识到它可能是个城墙，后来我们就在现在的城东门南侧，又把东城墙切开一段，打了一个探沟，证明了夯土还是向南延伸。

尽快找到商朝南城墙，成为考古队最重要的目标。在安金槐的引领下，张建中等一行沿着西墙的残垣断壁一路向南，结果发

▲ 商朝夯土层上的郑州老城墙

现地下商朝夯土层居然和郑州老城墙西南角的贫民窟衔接了。这一带的夯土墙高达八九米，底部宽20余米，呈现出一种原始恢宏的气势。多年来无处安身的人们，便在城墙上掘洞为窑建成了自己的居所。

考古队员钻进窑洞勘察，墙壁上的夯土层理清晰可见。土层里包含着大小不一的碎陶片，和白家庄的寨墙属同一时期。

为了彻底揭开谜底，1956年初，安金槐集中力量在南城夯土墙东端布下探沟。发掘证实，地下商朝夯土层沿着郑州老城墙向南延伸到西南角时，又向东拐，并沿着郑州南城墙下向东发展。至此，安金槐一直悬着的心终于落了地，他得到了明确答案，毫无疑问，在这座现代都市的下方，叠压着的是一座3000多年前的古城。这是夏商周考古史上的一次重大发现。安金槐在发掘示意图上重重地添上了这最后一面城墙的位置。

无可争议，这是一座早于殷墟的商朝城垣遗址。遗址四面城墙刚好围成了一个长方形，周长约7千米，面积达3.43平方千米。而且，处在层层叠压关系中的城垣所显现的不同文化信息告诉学者：这座商朝城垣始终延续着。继商之后，西周初年分封的诸侯国——管国，最早是以它为基础筑城立国的。

北京大学城市与环境管理学院教授于希贤介绍：商朝的城市最重要的特点是天圆地方，九宫八卦的一套模式，是中国文化中天公地道的宇宙时空观念。城市的规划布局，都呈四方形。中国的气候是春夏秋冬四季，天上的星宿28宿，东方7宿、西方7宿、南方7宿、北方7宿，再有道德观念的东边仁、西边义，仁义礼智，都与城市的四方结合起来，这是东方文化固有的特色，是中华文化的根本。

公元前221年，秦统一六国后，在这里设管县，到了汉朝，城址又重新得到修缮，但将其缩小，仅利用了原来旧城垣内偏南三分之二的面积，从中筑起汉朝北城墙。一直延续到隋朝开皇三年始称郑州。之后经历了唐、宋、明、清各朝，除被汉朝废弃的北城墙外，其他三面城墙均是在商朝城垣的基础上继续利用修筑的，使商朝夯土城垣被包裹而得以完整保存。今天位于郑州市中心的紫荆山公园中所谓的"紫荆山"，正是

> **天圆地方**：是阴阳学说的核心和精髓。阴阳学说是我国先哲们认识世界的思维方式，"天圆地方"正是这种学说的具体体现，是古代科学对宇宙的认识。天圆地方的本质来源于先天八卦所推演出的天地运行图，是对《易经》阴阳体系和天地生成及其运行的解读。
>
> **二十八星宿**：我国古代天文学家把天空中可见的星分成二十八组，叫作二十八宿，东西南北四方各七宿。将天体划分的二十八个星区，用来说明日、月、五星运行所到的位置。广泛应用于中国古代天文、宗教、文学及星占、星命、风水、择吉等术数中，是中国传统文化中的主题之一。

一段汉朝废弃的商朝城垣。

范围如此之大的城垣，加上自 1950 年之后先后出土的大量文物和城外多处商朝制陶、制铜、制骨作坊及城内大面积的居住遗址，这一切所构筑起的历史链条给予安金槐的又一反应是：此处绝非一般商朝居住遗址，他应当是一处被历史尘封了许久的商朝都城遗址。

▲ 郑州商朝城墙遗址公园

安金槐介绍说，发现商城后，我认为既然是城，就有可能是都城，城里应该有宫殿区，所以在城里花了几年时间找，结果找到一处由很多大型房子组成的宫殿区的基础，都是夯土基础，也就说是配合基建发现的，以此证明，郑州有可能就是商朝的都城。

为了进一步证实自己的这一推断，安金槐钻进了浩瀚的历史文献中。商朝都城频繁的迁徙，历史文献中支离破碎的模糊记录，在安金槐的拼凑下得以还原：商汤建都亳地后，他的后世子孙先后经过 5 次迁都，共使用过 6 座城池。而在这数次迁徙中，只有商前期的仲丁曾迁都于隞。而史料记载中的"殷时隞地"，应该是指郑州商城。就此安金槐撰写了《试论郑州商代城址——隞都》一文，经过再三斟酌发表在 1959 年国家出版的《文物》杂志上。

安金槐说记载郑州的历史，就应该包括商朝有个隞都在郑州境内。安阳殷墟既然是商朝晚期的都城，这个郑州商城又是商朝前期的，就有可能是隞。

一次全新的发现，伴随着的必定是一场争论。郑州商城的发现也不例外，安金槐的文章一经发表，如同一颗重磅炸弹撼动了考古界，一时众说纷纭，莫衷一是。不少人持怀疑态度，归结点都集中在城垣上。

安阳殷墟不见城墙，不能由此推断郑州商城就不应该有城垣。考古是一门偏重于实物发现的科学。

经过激烈的争论，安金槐的观点最终还是被学术界接受了。

自此，郑州这座一向被人们视为小字辈的城市，终于抖去了数千年来附着的历史尘埃，辈分陡增，一跃变成了中国城市群中的前辈，体面地站在了本该属于自己的位置上。

2009年3月29日,河南省郑州市新郑黄帝故里,伴着庄严肃穆的礼炮声,来自世界各地的2万余名炎黄子孙,隆重举行黄帝祭祖大典。

寻根商都

"故乡啊,我们回来了,回到了您的怀抱!"声声发自肺腑的呼唤,深深震撼着全世界1.2亿客家人的心灵。

▲ 轩辕黄帝像

中国源远流长的历史长河中,移民现象始终相伴相随,客家人是移民中形成的特殊群体。由于客家人行走天下,遍及全球,因此有"东方犹太人"之称。然而客家民系自诞生之日起,犹如团团迷雾,一直是学术界争论不休的话题。

一种观点认为"客家"一词是"河洛"的音变,客家是相对于当地原住民而言,先到为主,后来为客。

"河洛"即指黄河与洛水相交汇的地方,这里是客家人发源地的核心,也是他们祖先最初的家园。

洛水发源于陕西华山南麓的蓝田县,它由西

客家人: 本身为汉族民系,其先祖抵达粤、赣、闽三地交界处,与当地土著居民杂处,互通婚姻,最终形成客家民系。迁徙给了客家人坚韧的品性。客家是南方汉族的重要支流,是族群和文化上的一种笼统性概念,与广府、潮汕同为广东本地三大主流族群。

南而来，流至郑州辖区内的巩义后，与西来东去的黄河相交汇。这里水面浩瀚，黄白两水相互裹挟形成巨大的漩涡，犹如一幅天然"太极图"。民间传说此处就是伏羲"观河水东流，察日月交替，思寒暑循环，构演太极八卦"的地方，神秘的"河图洛书"就出自于此。

河图洛书： 相传上古伏羲氏时，河中浮出龙马，背负河图献给伏羲，伏羲依此而演成八卦。大禹时，洛河中浮出神龟，背驮洛书献给大禹，大禹依此治水成功，遂划天下为九州。河图与洛书历来被认为是河洛文化的滥觞，是中华文化，阴阳五行术数之源。

北京大学城市与环境管理学院教授于希贤认为，河图洛书形成的时间非常早，它的出现是先人观察大自然，近取诸身，远取诸物得到的结果。表现的哲理是大自然、生物界、人类社会、天地人之间都有根本规律，这个根本规律就是事物的统一性和多样性的结合。归结为两张图：河图、洛书，这是中国人世代相传形成的变化万千的魔方。

"唯唯客家，系出中原，根在河洛"。所谓的"客家"的源头在大河之南、伊洛水及嵩山周围一带。

毋庸置疑，客家人就是夏商周三朝的后裔，是炎黄子孙。夏商周三朝，是我国奴隶制的起始期到全盛期，也是百家姓得以发展的重要阶段，而其中夏商两个朝代的中心区域都在河洛

▲ 河洛图雕塑

地带。"客家"人实际上是以河洛地区为中心，迁徙到闽、粤、赣三省交界处的中原人。

当年南迁的中原难民大多数渡过黄河，沿着颍水、汝河、淮河南下，经汝颍平原到达长江沿岸，散落于江淮一带，太湖、鄱阳湖之间。其中相当一部分沿长江继续南下，最后辗转迁入闽、粤、赣交界地区。他们举族而走，原想待战事平息后再归故土。不承想历史在河南几度洗牌后，给他们留下的竟是缠绵的寻根絮语："本是河洛郎，祭拜河南堂"。

文献记载，中原大地曾遭受无数次重大劫难，或天灾，或战争，人祸大于天灾，这些劫难险些导致华夏文明堕入死亡之门。

西晋末年，晋武帝死后，皇族之间争夺政权，揭开了连绵16年的"八王之乱"序幕。八王之乱后，匈奴贵族刘渊乘中原内乱，率5万大军呼啸而来，大举南侵，其势力迅速扩大到了黄河以北。311年，匈奴人在宁平城即今天的河南鹿邑西南歼灭晋军10万余人，并攻克京师洛阳，大肆杀戮王公士民3万多人，史称"永嘉之祸"或"五胡乱华"。

到了316年，匈奴占领长安，晋元帝南迁时，大批中原百姓、皇室与门阀贵族、士大夫为逃避战乱杀戮，成家族的相随南逃，史称"衣冠南渡，八姓入闽"。衣冠南渡即中原人向南迁徙；入闽八姓，指林、陈、黄、郑、詹、邱、何、胡。除此，还有王、刘、谢、袁等望族大姓，自黄河以南的河洛一带迁往闽粤。

这次移民达百万之众，占当时中原人口的五分之一，声势之浩大，其景之惨烈，惊天地泣鬼神。

永嘉五年，流民杜弢聚众起义，反抗西晋政权的压迫，结果8000余流民被官军沉杀于长江中。

客家人的迁徙是一部流亡史、血泪史。他们闯过一道道死亡之门，沿途留下一串串血染的足迹。他们是"政治难民"，也被称为"灾荒流人"。

可以说，客家精神与文化的渊源正是形成于历史上那数次艰难迁徙的过程中，那是一个痛苦迷茫的过程，谁也不知道要到哪里去，要去的地方到底还有多远。伴随着沿途原土著居民的挤迫，他们流离失所，始终处在饥寒交迫之中。

这一历史的行程，最终以中原汉人定居岭南而宣告结束。华夏文明的火

> **八王之乱：** 西晋年间司马氏同姓王之间为争夺中央政权而爆发的混战，前后历时16年，是我国历史上空前的大内讧，被认为是导致西晋灭亡的原因之一。西晋皇族中参与这场动乱的王不止8个，但八王为主要参与者，故史称"八王之乱"。
>
> **五胡乱华：** "五胡"指匈奴、鲜卑、羯、羌、氐5个胡人的游牧部落联盟。五胡乱华破坏了中原的政权和经济架构，也使北方游牧民族与中原汉族产生文化经济交往，是我国第一次民族大融合，也是第一次大磨难。

种也随着南迁的步伐洒向了大江以南，闽粤之地。

客家人眷恋祖先的乡音，铭记先人的姓氏。至今，中国台湾有着"林陈半天下，郑黄排满街"一说，而这四大姓的地望均在中原一带。

林姓的姓氏发源地在今河南省卫辉市以北，他们是商朝末期重臣比干的后裔，今天这里依然保留着比干的庙宇和墓葬。比干为商王太丁之子，纣王的叔父。商纣王执政期间，暴虐淫乱，横征暴敛。看到国家岌岌可危，比干冒死劝谏，却被纣王剖心而死。

比干死时，夫人陈氏已怀有身孕，为躲避灾祸逃入深山老林，生下一男儿，取名坚。此后不久，周武王灭商得天下，为了弘扬比干的忠肝义胆，特赐比干之子林姓，封为大夫。

"天下郑氏出荥阳"。在今河南省荥阳市东南角的檀山脚下，坐落着郑氏祖先的塑像。他们分别是春秋时郑国的国君郑桓公、郑武公、郑庄公。公元前375年郑国被韩国所灭。亡国后的郑国子民以国名为姓。后居于荥阳郡的一支，人丁兴旺，于是"荥阳"便成了郑姓的郡望和堂号。

▲ 郑公三人雕塑

陈姓源于五帝之一舜之后，祖上在周族担任陶正，专门负责烧制陶器。因深得周文王的赏识，文王的儿子武王灭商以后，封其到陈地宛丘建立陈国，宛丘即今河南省淮阳市。其子孙以国为姓，便有了血缘家族的符号。

黄姓是帝舜时期我国东部沿海一带东夷部落首领伯益的后裔。传说伯益的后裔有14支，其中的黄氏大约始于商末周初，在今河南潢川建立黄国。春秋时，黄国被楚国所灭。亡国后的黄国子孙，同样以国为姓。黄姓大举南迁始于西晋末年。如今的黄国故地，历史上的文化遗存随处皆是……

著名客籍学者、外交家黄遵宪在他的《己亥杂诗》中对客家人的南迁有着这样的抒怀："筚路桃弧辗转迁，南来远过一千年，方言足证中原韵，礼俗犹留三代前。"诗中高度概括了客家人千年迁徙、万里长旅的艰辛与刻骨铭心的思故之情。

据广东韶关张氏家谱提供的信息,唐朝开元年一代名相张九龄的祖上就是两晋时期从中原迁往岭南的客家人。被誉为"岭南第一人"的张九龄曾预言,安禄山日后必反,并上谏唐玄宗对此人早做提防,以防后患,但唐玄宗不以为然。果然,在张九龄死后不久,"安史之乱"爆发。被迫奔往蜀地的唐玄宗因追思张九龄的卓见而痛悔不已,遣使至广东曲江祭九龄,但事已晚矣。安史之乱又一次引发了中原人离乡背井,大举南迁。

史料显示,唐朝天宝至元和年间的河南府人口,由原来的127440户,锐减到18799户,其中的108600多户人家在数十年间不知所向,史料中未作任何交代。

安史之乱爆发,战争延续8年,主战场集中在秦岭到淮河以北这条线,老百姓没法过日子,而当时南方人口稀少,土地比较充足,中原地区的流民就纷纷往南边迁徙。

安史之乱后,又爆发了以黄巢为代表的农民起义。战争给中原百姓又带来一次灾难。祖籍嵩山脚下、伊洛河畔的诗人杜甫对此战乱悲吟道:"寂寞天宝后,园庐但蒿藜。我里百余家,世乱各东西……"

中原人第三次南迁,发生在金人占领开封,蒙古人入主中原期间。宋王朝皇亲国戚、达官贵人仓皇渡江南迁的同时,相随着的是大批中原百姓,这是中国历史上一次政治、文化的南迁。自此,延续了数千年的黄河文明开始步入低谷。

大批的中原人流入岭南,落足于闽、粤、赣一带,其中有伟大的爱国诗人文天祥的祖先。正是这位由中原辗转流落至江西吉安的客家之后,在南宋王朝即将覆灭的时刻挺身而出,率义军于赣粤一带同蒙古铁骑进行了殊死抗争,其情之惨烈悲壮令后人仰慕。尤其是他留下的千古绝唱"人生自古谁无死,留取丹心照汗青"更是成了中华民族精神的象征。

客家人与岭南土著居民融和,曾经历了漫长岁月,为了争夺生存空间,

"土客争斗"时有发生。客家人正是在这种争斗与歧视中凝聚成一个整体,从而激发了他们奋发与闯荡的精神。今天已作为世界文化遗产的客家土楼就是当年"土客争斗"遗留下的痕迹,它是移民内向心态的折射,是历史凝结的建筑符号。

▲ 客家土楼

有人说古中原人的传统文化、原始语言,今天要到客家人那里去找,此话不无道理。因为他们当年带过去的是先进的文化,先进取代落后是历史的必然。加上客家人所处的环境大都在偏远的穷乡僻壤,受外界的影响较少,他们的文化传统和风俗习惯连同语言一起被比较好地保留下来,今天已被称为古汉语的活化石。

> **客家土楼**:也称福建土楼,以福建龙岩永定、漳州南靖的土楼最为有名。客家土楼有方形、圆形、八角形和椭圆形等形状,现存8000余座,规模之大,造型之美,既科学实用,又有特色。

北京大学教授温儒敏说,当时有一句话是"宁卖祖宗田,不换祖宗言",他们的客家话,保留中原音韵、中原古音,所以用现在的普通话来念唐诗宋词不太押韵,用客家话读味道就出来了。

客家人重视文化教育是不争的事实。究其根源,依然是中原文化的浓厚底蕴所致。"耕读传家"是中原地区历史上延续下来的修身齐家之宝,客家人的祠堂就是他们办学的地方,而且大多是义务办学,资金来源完全靠他们中的有钱人资助。读四书五经,行孔孟之道,"学而优则仕",是延续多年以改变他们命运的重要途径。

20世纪初,一位在广东省梅县传教20余载的法籍传教士赖里查斯,曾在他的著作《客法词典》中写道:在嘉应州这个三四十万人口的地方,随处都是学校,一个不到3万人的小城,便有10余间中学和数十间小学,学生的人数几乎超过城内居民的一半。他惊叹道:"这是一桩惊世骇俗的事实,按照人口比例,不但全国没有一个地方可以与其相比较,就是较之欧美各国也毫不逊色。"

客家人非常重视孩子的教育,有时候全家甚至全族供孩子们读书。这种文化血脉流淌在客家人的历史中,让他们形成了坚忍不拔、吃苦耐劳的性格和崇文重教的传统,这使得客家人在求生存的路上总能另辟蹊径,敢于冒险,勇于创新。历史上一大批客家仁人志士,怀着对未来的憧憬,先后离开客属之地,漂洋过海,走向世界。今天的客家人遍布世界五大洲80多个国家和地区,他们中不乏政要、学者,但更多的是商界大亨。靠着深厚的文化积淀和祖先留下的开拓精神,以及中原人骨子里的经商基因,在大河文化与海洋文化的碰撞中,重塑了他们薄利重义、无信不立的经商意识,使得他们能够在险恶丛生的商海中越走越远。现在能够统计的,现存的海外多个国家有3000万左右的客家人,是相当大的一个数字。

"羁鸟恋旧林,池鱼思故渊"。客家人"根"的意识非常强,这已成为他们漂泊在外的精神支柱。中国民主革命的先驱孙中山生前曾对人说过:"吾家之先,固客人也"。开国元勋朱德,在他的《我的母亲》一文中念念不忘地写道:"祖籍广东韶关,客籍人,在湖广填四川时迁移四川仪陇县……"历史上,客家人中走出的精英比比皆是,太平天国领袖洪秀全、洋务运动先驱丁日昌、北伐抗日名将叶挺、十大元帅之一的叶剑英、著名文学家郭沫若、实业家田家炳等,

▲ 郑州客属文化中心

这一串串名扬海内外的名字,都在中国历史发展进程中留下重重一笔。

2005年6月,世界客属文化中心在郑州郑东新区动工兴建,占地12万多平方米的建筑区域内分布有文化馆区、纪念馆区以及商务会馆。这里将成为

客家人又一处精神家园。

　　世界客属总会有人预言："21世纪内，将有大批的客家人回到他们祖先曾居住过的地方谋求发展的空间。"古商都居中的地域优势，祖先遗留下的人脉资源，冥冥中都将成为他们再造故地商业辉煌的基石。

1950年秋，一个小学老师——韩维国在郑州城外的田间散步，不经意间随手拣起地上的几块陶片，漫不经心的目光渐渐专注起来，这些陶片有些不同寻常。

商都梦寻

1950年时，郑州还是河南省一个不起眼的小城市，和洛阳、开封这样的古都相比，考古学家们对这个地方没有兴趣。当韩维国把陶片送到省城开封时，文物专家们大为震惊：郑州居然还有这种陶片？更令人瞠目结舌的是经过考古发掘，专家们认定：郑州的文物遗存竟然属于商朝！

根据史书对于郑州的最早记载：周武王曾经把他的弟弟管叔分封在郑州一带，当时叫作管国。后来，这座城市的名字里总是带一个"管"字，比如管邑、管城、管州等，都是因为管叔的缘故，我们在郑州还可以看到"管"字留下的痕迹。

"郑州"这个名字，实际上起源于唐朝，朝廷把管州和与之相邻的郑州合并，统称作"郑州"。在后来的历史中，这座城一直默默无闻，只是一座县城的规模。20世纪50年代，河南省会由开封迁到郑州，这座城市才如梦中初醒一般活跃起来，在大规模的建设热潮中，一座新的城市拓展着它的面积，而另一座城市也在慢慢地从

管叔：管国是周武王弟叔鲜的封国。作为周初的一个诸侯国，管国存在的时间虽然很短，但地位非常重要。据史料记载，其国君管叔兼有王官与地方诸侯双重身份，受周王之命握有控制东方大权，是"三监"之首。武王去世后，成王年幼，周公旦摄政。管叔与蔡叔发起叛乱，后被周公旦平定。

▲ 郑州商都遗址公园

历史的尘沙中浮现出来，显露出它沉睡了将近 3600 年的容貌。

　　一道巨大的夯土墙，在顺河路一带被挖掘出来了，考古工作者本以为这是一座商朝大墓。但随着挖掘，夯土层一直向远处延伸下去，已经远远超出一座墓葬可能的长度，而在夯土层的东北侧是大片的低洼地。于是，专家们认为这可能是一座堤坝。但是，下一步的挖掘又将这种可能性排除了。一直延伸的夯土层竟然与郑州的老城墙连为一体，形成一个巨大的长方形。

　　显然，它为我们勾勒出了遥远商朝一座大型城市的轮廓。而后来的郑州老城城墙，就是沿用了商朝的夯土墙基。但是，由于并不需要如此大的城市面积，郑州老城又兴修了北城墙，规模只相当于商朝古城的一半。如此巨大

▲ 遗址公园内的仿商朝青铜器雕塑

▲ 商都遗址出土的部分文物

的城市，出现在3000多年前的商朝能说明什么呢？从它的面积我们就可以判断，它不是一座一般的城邑，而是一座王都。

东里路是今天郑州市一条不起眼的小街道，1973—1976年间，以这里为中心发现了大规模的宫殿遗址群，这进一步证明了郑州在商朝曾经是一座王都。宫殿建筑群处在整座商都的东北部，面积达到40万平方米，规模巨大，可以想象当时都城的恢宏气势。

1974年，在商城西部又出土了一尊大型青铜鼎，在中国古代，鼎是国家级的祭祀礼器，"鼎"的出现就意味着可以确定这里曾经拥有的政治中心地位。此后，同样规模的青铜鼎又出土了6尊，同样可以断定在今天郑州市的繁华地段，曾经有一座青铜器作坊。它距离商王的宫殿很近，3000多年前的夜晚，商王在宫殿的屋檐下，就可以看见不远处那座作坊熊熊的火焰。而在青铜器作坊的北面，还发现了一座骨器作坊。当年，曾用大量战俘的尸骨制作器皿，令人不寒而栗。而今天这里建起了一座新闻大厦。

青铜： 青铜是世界冶金铸造史上最早的合金，硬度很高，虽然久埋地下依然保存完好。由于挖掘出来的青铜器表面有一种绿色，因而称为青铜。鼎是所有青铜器中最能代表至高无上权力的器物，中国最早一统天下的权力观与鼎有着直接关系。世界上所有的古老文明都经历了石器时代、铜石并用时代、青铜时代和铁器时代。

▲ 1974年出土的青铜方鼎已成为郑州的象征

对这些文物进行的科学鉴定结论认为：郑州商城的具体年代距今3000—3600年，在商朝500多年多次迁都的历史中，郑州究竟是哪一座都城呢？这个争论一直持续了几十年，争论的焦点集中在两种意见上，一种认为它是商朝第一位王——汤所建立的国都。3600多年前，商汤灭掉了夏，史书上有两种记载：说商汤建都于亳或西亳，与它们分别对应的是今天河南的商丘和偃师。在偃师，考古学家真的发现了大型商朝宫殿遗址。那么，它与郑州商城之中，哪个才是汤所建立的国都呢？

还有一种说法，就是郑州商城是商朝第十位王迁都的隞都。这是商朝建立以来的第一次迁都。关于这次迁都，历史记录十分模糊，隞都的具体位置难以确定，直到今天也没有任何新的证据，证明双方中的哪一方是正确的。3600多年的漫漫时光，埋没了太多的历史真相。郑州的夯土墙竟然穿越了100多万个日日夜夜来到我们面前，这不能不说是一个奇迹。也许漫长岁月的真正魅力就在于给以我们永恒的猜想吧？

▲ 模仿商朝形制的建筑物

▲ 周长7千米的商朝夯土城墙遗址

2008年，郑州市人民政府从城市发展和商业布局考虑，决定拆除建于20世纪80年代，郑州市最大生意也最红火的亚细亚商场，但始料不及的是，这一决定竟引起市民强烈反对。

商都纪事

究竟什么原因，让郑州人对它寄托着深深的眷恋？

翻开亚细亚不太厚的商业记录，映入人们眼帘的是20世纪80年代末的郑州。当时这座城市中最大的百货大楼，营业面积还不足7100平方米，郑州市却提出借改革开放的大潮，向全国商贸中心的目标冲刺的口号。当人们对这似乎痴人说梦的口号持怀疑态度时，一群年轻人却嗅到了商业大变革的

▲ 亚细亚商场

气息。

1989年春，亚细亚作为郑州唯一的股份制企业，在郑州市百年老街德化街街口隆重开业，以别出心裁的方式亮相中原腹地。

开张的当天，郑州城内万人空巷，顾客潮水般涌来。下午6点营业大厅便早早关闭，因为所有货物基本被抢购一空，这在郑州是史无前例的。

亚细亚以新中国商业从未有过的崭新理念和姿态，率先冲破了计划经济商业体制的缺口，在热气蒸腾的大环境中，表现出了野性十足的特征，短期内，连续创造了中国商界一个又一个第一。第一个设立商场迎宾小姐、电梯小姐，并推出了"顾客就是上帝"的微笑式服务。美女的微笑，上帝的感觉，初现了市场经济的魅力，展现出抵挡不住的诱惑。随着一句"中原之行哪里去——郑州亚细亚"的广告用语，更是名扬四方。1990年，亚细亚的营业额达到1.86亿元，成为全国上升速度最快的一匹黑马。

亚细亚的冲击波，引领了全国商业改革的大潮。一系列标新立异的商业活动，全新的服务理念，一时间让郑州成为购物的天堂，亚细亚成了"上帝"最爱光顾的场所。在当时孔雀东南飞的年代，全国竟有30多个省市、200个大中城市的党政领导、商界员工摩肩接踵挺进中原，希望在这里取到商业真经。

就像亚细亚商场正门上方那颗光焰四射的"野太阳"，迅速膨胀起来的亚细亚借势要将自己这艘商业航母驶出郑州，实现"野太阳"那些烈焰所象征的，将光芒照射到全国的省、市、自治区。

随之，亚细亚向外实施扩张，采取银行借贷的方式在省内外建起了9个大型连锁商厦。这一时期的亚细亚从省内到省外、从天上到地下同时拉开了战场，对郑州人民进行了一次暴风骤雨般的商业洗礼。当空中飘下印有"亚细亚商场"字样的万张彩票时，最先承接它们的是市内三角公园的青铜巨鼎。随之，一个取名为"商城"的大厦开始试营业。紧接着，围绕在亚细亚的周围，华联商厦、天然商场、人民商城等，如雨后春笋般冒了出来，令人目不暇接，同时挤进市场经济的炼狱。

▲ 流光溢彩的亚细亚商城夜景

▼ 郑州亚细亚商城内景

郑州华联商厦 ▶

新开业的几家商场与亚细亚比肩而立，遥相呼应、来势凶猛。它们让亚细亚人感到了危机，亚细亚开始接招。它利用店庆将亚细亚的彩票和大礼包，伴着飞机的轰鸣从空中撒落在郑州人的头上。就在市民沸腾于这天上掉下来的"馅饼"时，亚细亚又不失时机地推出了巨奖销售。此举让其他商场的老板坐不住了，竞相效仿，趋之若鹜，抛出了万元巨奖、三室一厅、出国旅游、奥迪轿车等。然而一个个具有诱惑力的大奖伴着震天的吆喝声，最终将他们全部拖进了价格大战的漩涡中。

二七纪念塔： 1923年2月1日，京汉铁路各站工人在郑州成立京汉铁路总工会，并决定在2月4日举行总罢工。于2月7日遭到残酷镇压，激起了全国工人大罢工的革命怒潮。为了纪念这次伟大的罢工运动和"二七"烈士，于1971年修建了这座纪念塔。

此刻的二七纪念塔像是立在商场群中的一把双刃剑，时刻等待着搏杀的机会。而最先被击垮的是人民商场，它刚一披挂上阵，还没施展身手，即被滚滚而来的经济浪潮吞没了。

当年，为了应对亚细亚接二连三的出招，围绕二七纪念塔周边的五大国有商场成立了联谊会，名曰联谊，实则为联手对付亚细亚。一时间，面对来自四面八方的围追堵截，亚细亚应接不暇，加上它颇为自负的经营与管理理念导致的失误，分布在各地的连锁店由于资金与人才断链而纷纷落马，亚细亚这艘商业航母最终触礁沉没。一句"我的最爱我的痛"为这个经不起成功淘洗，被自己打败了的英雄唱起了挽歌。

转了一圈，亚细亚又回到了原点，不同的是这次它背上了沉重的债务。此时曾对它实施铁壁合围的五大商场也已是强弩之末，长时间过度的商业竞争，已使它们筋疲力尽。

历史有时惊人的相似，也许是中原人特有的商业基因所致，早在300多年前，也是在这方土地上，和亚细亚同样，郑州巩义境内的康百万家族也引领时代之先，上演了一场名扬天下的商业大戏。伴着这场大戏，康家的一个领军人物竟被奉为"活财神"进入北方的千家万户。

从明朝至清末，钟灵毓秀的嵩山脚下洛水河畔，一片依山傍水、错落有致的青灰色建筑群内，康氏家族演绎出的商业辉煌是："脚踏三省，船行六河""头枕泾阳、西安，脚踏临沂、济南；马跑千里不吃别家草，人行千里尽是康家田"。其运势延续12代，历经400余年。

只红火了不足10年的亚细亚商业集团与之相比，可谓是小巫见大巫。虽然他们所处的时代环境不能相提并论，但其文化影响、经商理念却有着相似之处。

河南省政府发展研究中心研究员李政新博士介绍：康百万延续的时间比亚细亚长，从运河经伊洛河往西部转运粮食，在铁路没有出现以前，生产力不够发达的时候，是延续几百年的交易形态。康氏家族的商贸形成、发展，有其历史积淀，而亚细亚从知名到败落，也就是三四年。

应当讲，中原不乏经商的基因，但面对现代的经营理念，亚细亚只是一个为后来者"蹚雷"的悲剧式英雄。当年，置身于躁动不安青春期的它，凭着初生牛犊不怕虎的闯劲，在商业运营中只强调竞争意识，而丢掉了中国商人酿造的千年经典——和气生财。以它设在广州的连锁店倒闭为例，原本初来乍到，事事应当躬亲谦和、步步为营。但却不然，依仗财大气粗，亚细亚刚一登陆广州就违反商业基本规则，把郑州商战恶性竞争的手段用到了广州，其结果遭到了当地同行的联合围剿。

在这一点上，亚细亚的前辈康氏商业集团却远胜一筹。康家发迹之初，为了占领当时影响全国棉花市场的陕西泾阳，数艘大船满载布匹，沿渭河逆流而上来到泾阳的康家，遇到的对手是当时已垄断泾阳棉布市场的徽商王有亭。对于康家的到来，王有亭百般刁难，但康家却稳扎稳打，利用自己布匹量大的优势杀价抛售，与王有亭玩起了价格技巧。误以为康家害怕要抛货撤退的王有亭，对康家抛出的布匹大量吃进，让他没料到的是，康家充足的布匹源源不断流向市场，最终导致了王有亭资金无法周转而倒闭。此时的康家并未趁火打劫，而是收下了王家的库存，救王家于危难之中，并扶持其重整家业。此后在康家建立泾阳棉花商业王国的过程中，王有亭的后人起到了举足轻重的作用。

康家发迹于明朝中叶，兴盛于清朝，规模宏大的康家大院初建于乾隆年间，它的奠基者是第12代掌门人康大勇。当年康大勇抓住了康熙皇帝重视漕运的机遇，靠着三条小船和一条大船，从门前的洛河扬帆起程，而后由洛河进入黄河，把巩义市的煤运到开封，又把苏杭的丝绸和盐运到洛阳和巩义市。

之后，随着康家船队的不断扩大，航运能力的增强，其活动范围南到南京、苏州，北达北京、天津，西至三门峡、洛阳、西安，东到山东临清、济南、临沂。

一个绵延数百年的大家族中，总会有几个杰出的灵魂人物出现。在康氏家族的历史演化中，康应魁算得上是个少见的精英人物。康大勇谢世后，自小因为父亲身体欠佳，早早便开始操持家务的康应魁成了康家第14代主事人。康应魁有胆有识，靠着几代人建立起来的商业信誉，将康家的商业王朝做到了极致。

不满足于祖上创下航运基业的康应魁，眼睛盯在了黄河两岸，他要建立起一个良田千顷的财富帝国。土厚地广的华北大地给康应魁留下了兼并土地的空间。这一时期的他，生意触角每延伸到一处，总是先买地，再垄断经营。准确地说以康应魁为代表的康氏家族是发在水上，富在土上。

▲ 康百万庄园遗址

在康应魁看来，中原历来是战火频仍之地，仅以商贸为生，非万全之策，战争能毁灭浮财，却不能毁坏土地。他的信条是：种地钱是万万年钱，生意钱是年年钱，手艺钱是天天钱，只有土地才长远。正是在这种理念的支配下，康应魁在沿黄许多地方大量购置田产，以防患于未然。

当年康应魁利用陕西泾阳棉花种植量大的优势，建立起的棉花商业王国，形成了产销一条龙的格局。全盛时掌控了半个中国的布匹批发市场，这块风水宝地使得康应魁临终前还反复叮咛子孙"宁舍巩县，不舍泾阳"。当时泾阳经营得非常好，因为那一带战争相对较少，灾害也比较少。

▲ 康百万庄园内院

继陕西泾阳之后，康应魁又在山东兰水、沂南、沂水、日照等地，买下土地约333.33公顷。此举让康家进入了鼎盛时期，一跃成为富甲三省、船行六河的富贾巨商。

在康百万庄园的第三院大门内，即是康家"留余堂"，堂正中高悬着中华名匾"留余"匾。这块留余匾向后人讲述了康家 12 代经商为人的原则,道出了康家昌盛不衰的秘诀:"留有余不尽之巧以还造化,留有余不尽之禄以还朝廷,留有余不尽之财以还百姓,留有余不尽之福以还子孙。"

如果说康百万庄园所处的地域是块靠山面水的风水宝地,那么这块留余匾则让他们聚足了人气。正是这股人气,造就了康氏家族数百年的兴盛。相反,这块土地上的后生——亚细亚商业集团却没有那么幸运。原因是它引进了竞争、挑起了竞争,却也僵化了竞争,没有在转型时期利用区位优势走大流通、大交换、大批发之路,而是聚在小商圈里与对手拼斗得你死我活,使竞争变得狭隘,从而丢失了中国人数千年来的处事经典——刚易折、方易挫、骄易堕、满易损。

> **庚子之变:** 清朝末年,义和团以"扶清灭洋"为口号,对入侵的 8 个国家的军队和教民进行打击。清政府随后对八国宣战。1900 年 6 月,八国联军由英国海军中将西摩尔率领,从天津租界出发,向北京进犯,导致中国陷入空前灾难,险遭瓜分。1900 年为农历庚子年,史称庚子之变。

时间到了清朝末年,庚子之变后,西逃的慈禧太后携光绪帝自西安移驾回京,沿途吃大户,在山西吃了乔家,来到河南吃康家。为接待两宫,康家耗银百万两。临别时慈禧一句"没承想,这山窝窝里还有这样百万之富的人家"。此言让康氏家族算是得了皇封,"康百万"称谓自此流传民间。也正是有了这一皇封,这个在中国历史上延续了 400 余年,富有传奇色彩的商业家族,开始步入了他的没落期。同样给中原大地留下了一声长长的叹息。

自古至今,中原的地域优势曾引得无数商家演绎了一场场商业剧,他们的崛起与沉落都已成为今天中原大地上的一笔财富和底蕴。历史几经洗牌,如今置身于现代商业社会中的古都商城郑州,几经跌宕起伏已步入了它的成熟期,继亚细亚引起的商战之后,她瞄准了河南粮食大省的优势,打出粮食期货交易这张牌。

博士李政新说,河南占全国粮食生产总量的十分之一,小麦占四分之一。就是说全国人民吃 10 个馒头,有 2 个多馒头的面粉是河南提供的,这为在河

▲ 河南是中国产粮大省

南开展粮食期货提供了有利条件。

　　这是区位优势给予古老商都的实惠，正是靠着这一优势，从古至今数千年在这块滋生商机的热土上，曾绽放出无数商业奇葩。从中国的商业始祖王亥到保护商人利益的郑桓公；从爱国商人弦高到富甲一方的"活财神"康百万；包括像流星般绚丽绽放后划过天际的亚细亚，他们都敢为人先，曾引领过一个时代的新潮，影响过商业发展的进程，改写过中国的商业史，这一幕幕历史的画卷让如今的人们依然回味无穷。

> **王亥**：商部落族的第7任首领，阏伯的六世孙，华夏商人的缔造者。甲骨卜辞中称他为"高祖亥"或"高祖王亥"。他帮助父亲冥在治水中立了大功，还发明了牛车，开始驯牛，促使农牧业迅速发展，使商部落得以强大。他用牛车拉着货物到外部落进行交易，开创了华夏商业贸易的先河。

公元前227年，勇士荆轲以惨烈的方式完成了六国和即将一统天下的秦国之间的一次传奇对抗，他的壮举激发了接连不断的刺秦行动。一位音乐奇才也加入了反秦的行列，并以血肉之躯赢得在《史记·刺客列传》中浓墨重彩的一笔，他叫高渐离。

咸阳宫

一个音乐家竟然会对抗强秦，这是怎样的刻骨仇恨？筑是筝的原型，是高渐离记录心情的武器，也是与荆轲义结金兰的证物。但与荆轲的侨居燕国不同，高渐离是地道的燕国人，因此当亡国之恨、家破之仇、知己之殇袭来时，高渐离做出了一个惊人的决定：进入咸阳宫刺秦。

一、进入咸阳宫

2200多年后，高渐离的疑问成为现代考古工作者探索咸阳宫的起点。

刺秦故事中有一个显著疑点。据记载，原本行动计划周密，可谁知即将登殿时，同去的秦舞阳却突然瘫倒。秦舞阳在燕国13岁便以杀人成名，他难道会被秦宫吓倒吗？

今天，河北省易县还依稀可见燕国都城之一燕下都的模样。

燕下都遗址高耸的城墙内保留着燕国的宫殿遗迹，在相距约6千米的南

咸阳宫

▲ 秦咸阳宫遗址

▲ 秦咸阳城遗址

北中轴线上，一路排列着武阳台、望景台、招贤台、驿馆 4 座巨大建筑的夯土台基。其中，最大的武阳台高 11 米，东西长 140 米，南北宽 110 米，仅台基即约合现在的 4 层楼高，宽广的台基上至今还清晰可见上殿的层层台阶。武阳台是当年燕王处理政务的主殿。

遗址出土的文物也相当令人震惊。双龙饕餮纹半瓦当高 18 厘米，直径 35 厘米，是普通瓦当的 3 倍，宫门发现的铜铺首门环高 74.5 厘米，重 22 千克。

燕国宫殿已是如此的雄壮奢华，能将秦舞阳吓倒的秦咸阳宫又该是如何的可怕呢？

公元前 350 年，秦第 30 代国君秦孝公任用商鞅变法，决定迁都咸阳。这一时期政治经济的剧烈变化在秦的建筑上也得到了体现。

距周公庙不远的陕西岐山凤雏村有西周代表性宫殿建筑群。从平面图上看，这是一座占地约 1500 平方米的典型的四合院式建筑，整个建筑只建于一个高约 1.3 米的夯土台基上，显得稳重平和。

但是进入东周，王室衰微，诸侯争霸，高台建筑开始盛行。后世的西汉政治家萧何曾一语道破建筑的天机：非壮丽无以重威。在战事频仍的年代，统治者为了强化王权的至高无上，宫殿越修越高，越修越大。公元前 535 年的楚国离宫——章华台被称为"天下第一台"，它曲栏幔回，高耸入云，据说中途得休息 3 次才能到达顶点，因此又称"三休台"。

但是，在秦迁都前的旧都雍城，考古人员却没有发现明显的高台建筑遗迹，宫城所在的台基只有 1～1.5 米高。

二、秦人历史的转折点

咸阳，四面环山，易守难攻，处于关中四通八达的交通枢纽。最重要的是咸阳所在的关中地区雄踞黄河中游，地势西高东低，可以对黄河下游各诸侯国形成居高临下之势，具有统治地位的优势。

选择咸阳透露出秦王的雄心和抱负。东周百年，群雄并起，都想吞并诸侯，但谁都没有旗帜鲜明地将统一天下作为基本国策。真正敢将这一理想付诸实施的只有秦人。从咸阳起，秦的建筑自然走向高台建筑风格，它的壮大和伟岸开始载入历史，伴随的是秦人统一六国的漫长战火的燃烧。

当考古人员试图通过咸阳宫探寻那段惊心动魄的岁月时，发现咸阳宫的"博"和"大"，一开始就让考古工作陷入了困境。

▲ 咸阳宫遗址复原图

《汉书》说："秦起咸阳，西至雍，离宫三百"。杜牧在《阿房宫赋》中说，咸阳宫城"覆压三百余里，隔离天日"。而《史记》中记载："咸阳之旁二百里内，宫观二百七十"。试想一下，秦时的 200 里换算为今天的 83.5 千米，现今咸阳市东西最宽处也只有 106 千米，如果咸阳宫的范围真有如此之广，考古勘探该怎么进行呢？

现存最值得中国人自豪的古代建筑之一故宫，面积 0.73 平方千米，普通人从南到北走完巨大的宫殿群至少需要半天时间。

考古证实，中国历代宫城规模呈缩小的趋势，清故宫 0.73 平方千米；唐大明宫 3.3 平方千米；而汉长安城的未央宫和长乐宫则分别为 4.6 平方千米和 6.6 平方千米。那么秦咸阳宫会有多大？

三、咸阳宫殿在哪里

搜寻无果后，考古人员决定以荆轲刺秦为突破口。

燕国是战国七雄之一，荆轲是燕国的特使，代表国家去秦国。接见外国的使节像现在一样，是非常重要的礼仪，一定是在国家首都的主要宫殿里进行。

西周以来，中国古代宫殿一直遵循的一条建筑规律是，正殿须建筑在中轴线上。北京的故宫、曲阜的孔庙、燕下都遗址，主建筑都坐落于城区或院落的中轴线上。即使秦咸阳宫再浩瀚无边，也不应该脱离那个时代，如果能找到城墙范围，就能确定让秦舞阳倒下的咸阳宫正殿，从而就能划定宫殿大致的群落范围。

▲ 宫殿东城墙一角

一个好消息传来：在咸阳城东北窑店镇长陵车站发现了水井、管道、陶器、瓦片等秦国器物。其中一个刻有"咸屈里善"戳印的陶拍，不仅表明它产于名为"善"的街区，还表明该街区是咸阳的领地。随后，考古人员陆续发掘出铜诏版、秦官员头像、楚国陈爰金币等文物。证实长陵车站所在地在秦国除了是手工作坊区外，还是热闹市井。

但令考古人员疑惑的是，自西周以来，中国都城的布局还有一条"前朝后寝""前朝后市"的礼制规范。按照这样的布局，咸阳宫殿区应该在长陵车站以南，靠近渭河。

咸阳地形主要由南部渭河平原、中部黄土台塬、北部高原丘陵三部分组成。引人注意的是，中部的黄土台塬作为黄土高原特有的地貌，顶部平坦宽阔、四周高耸陡峭，塬上塬下有100多米落差，长陵车站位于台塬最下一层。

四、追求至高无上的效果

西周初年，邦国林立，周王建立了一项新的政治制度，将土地分封给家人亲信，让他们代为管理，这就是分封制。周王实际控制区域只有京畿。

分封制在实行近千年后，遭遇秦国的空前挑战。秦与六国的战争实际是一场统一与分封的理念之争。秦灭六国，势如破竹。120年的统一战争中，公元前262年秦坑杀40万赵国军队举世震惊，公元前249年灭除周王，开天辟地。

秦对废除分封制的坚决，从嬴政灭燕的过程也可以看出。嬴政是个睚眦必报的人，灭赵后，他曾下令坑杀所有当年与他有怨的赵国人。荆轲几乎成功的刺杀对他简直是奇耻大辱。

《史记》记载，嬴政派军一路追杀燕王和燕太子直至辽东，燕王认为是由于太子是刺秦的主谋，于是亲手杀了儿子，将人头奉上以求自保。但仍落得被赶尽杀绝的命运。

嬴政还派人清除所有与荆轲关系密切的食客和朋友，高渐离也在其中。在日复一日、年复一年的逃亡、流离、苟活过程中，高渐离心中的悲悯与仇恨越积越深。

然而，这还不是六国惨状的终结。据司马迁记载，秦王每破一国，还将代表其国家的宫殿仿造在咸阳塬上，分布于自己宫殿周围。并将从六国掳掠来的美女、钟鼓安置其中，以昭世人。

对嬴政来说，将六国的宫殿搬到咸阳，除了表现其绝对权力外，还是赤裸裸的炫耀。但对国破家亡者来说，却是无尽的屈辱和愤恨。

考古人员分析断定，以秦人不拘一格的性格和前无古人的霸气，他们一定会打破常规，选择在地势更高的咸阳塬上打造宫殿。

因此，大规模考古工作在长陵车站以北的广大区域迅速展开。台塬上耸立的巨大土堆成为关注目标。

1974年春，考古人员首先在聂家沟、姬家道沟西侧、南侧发现断续的城墙遗迹，之后，在刘家沟附近探测东墙，一个面积约51万平方米的城区大致形成，牛羊沟基本处在城区中轴线上。

黄土台塬上沟壑横陈，但大都宽阔平整。奇怪的是，牛羊沟却沟道狭窄，仿佛人工开凿。果然，考古人员在沟道中发现战国瓦片，沟道两端的崖壁上还出现结构相同的下水管道。这是秦舞阳倒下的咸阳宫正殿吗？

很快，夯土台基的中央发现了都柱的残迹。

都柱是秦、汉时期宫殿和崖墓正中唯一一根用来支撑屋顶的擎天柱。天坛祈年殿正中有4根高达19.2米的"龙井柱"，它们就是支撑起这座38米高大殿的擎天柱。

▲ 咸阳宫夯土层

这根都柱直径68厘米，是迄今中国发现的最粗的都柱。根据柱子的直径和西周常用的屋盖坡度，可以推算出屋顶的高度至少达到17米，相当今天5层楼高。比祈年殿早1500多年，只用一根柱子支撑的秦朝宫殿就能达到如此高度，不禁令人赞叹。

整个建筑复原后是一座占地 5400 平方米、横跨牛羊沟、两层结构的曲尺型建筑。与人们熟悉的古代建筑故宫相比，它最大的特点是中部高耸，距地 4.9 米的夯土台基，是当时典型的高台建筑风格。其中，在距地 0.96 米高度上的是第一层宫室，它们围绕在台基周围，而在 4.9 米的台基上，便是由都柱支撑的宫殿主体——第二层宫室。然而从整体看，这座第一次比较完整复原出的咸阳宫殿，不像大家心目中巍然屹立的大朝正殿，却更像一座楼廊环绕、飘逸秀气的宫观。

五、难道不是秦宫正殿

　　发现都柱的居室是整个宫殿面积最大的，应为主殿。地面涂朱红色，与

▲ 秦都咸阳三号宫殿遗址出土壁画

中国历代帝王宫殿地面一致,推断为秦王使用。从门道上残留的壁画和出土的环、钉判断,墙壁上应该挂着锦绣帷帐,作为整个宫殿装饰最华丽的地方,这里被推断为秦王享乐之地。相邻的三室内有取暖的壁炉,视野开阔,推测为秦王临幸休息之所。一室西侧有一排房屋,其中第5室内残存暖炉和大地漏,此为宫中最大地漏,推测为秦王的浴室。

而下层南排有5间40平方米左右似为妇女居住的卧室,且墙面有彩绘。相邻的8个室内有暖炉和排水地漏,地铺方砖,下设烧土瓦砾防潮层,应为盥洗、沐浴之处。8室还出土了陶纺轮,似乎为宫中妇女消遣之物。这一层是秦王后宫佳丽生活起居之地。牛羊沟宫殿很可能是秦王的后宫。

▲ 秦方砖

牛羊沟宫殿,就是后来被命名的一号宫并非秦舞阳面秦的秦宫正殿,这种推测也得到科学的检测。一号宫年代最终确定约在公元前340年。这座包含8座宫殿,总面积51万平方米的宫城是秦迁都咸阳后最初的咸阳宫城。遗憾的是,除一号宫外,其他宫殿由于破坏严重或缺乏深度发掘,很难确知当时的模样和功能。但是,可以想象,一座在中轴线上,位处宫城重要位置的一号宫在嬴政统一前后很可能已经沦为普通的后宫别苑,其他宫殿的命运有待考证。

公元前224年,秦王遇到了统一进程中最大的障碍——楚国。

战国时流行一句话,"横成则秦帝,纵成则楚王"。楚国与秦国实力相当。

秦国举60万大军攻打楚国,战事长达一年而不决,咸阳城的压抑和紧张可想而知。楚国的顽强抗秦仿佛给六国流民的命运也带来转机。高渐离一直活动在燕赵边境,因为这里有众多志同道合、慷慨悲歌的燕赵遗民。秦王嬴政一生多次遇刺,荆轲刺秦后,六国遗民又做了多方面刺秦的准备,包括置备武器、绘制咸阳宫地图、研究地下管道布局等,但咸阳宫的深不可测是他们无法克服的障碍。

最让专家迷惑的是整个建筑的管道系统。一号宫中发现了漏斗、五角形下水管道、滤水器等各式管道,最大的管道直径达59厘米,与现在通用的100厘米的下水管道相差不多,可是它们是如何在宫殿中布局的至今仍是难解之谜。

▲ 咸阳宫土层中的水管

▲ 咸阳宫出土的五角形管道

公元前223年,楚国国都最终沦陷,身处咸阳宫的秦王终于将天下尽收囊中。但战争的结束并不意味着与六国对抗的完结,高渐离不会放弃,更多六国之人将生死置之度外,目标是咸阳宫。

公元前221年,中国历史上第一个统一王朝秦诞生,中国2000多年的封建帝制于秦开端。

天下初定,秦王嬴政着手操办的第一件事,就是给自己一个合适的名号。

秦始皇认为自己功过三皇,德超五帝,应该用皇帝这样一个称号称呼自己。

确立名号后，嬴政迅速展开对帝国的全面统治。

安邑下官钟，是1966年在咸阳塔儿坡秦墓出土的一件青铜量器，它本身并无特色，但其上所刻的文字和标记却生动记录了秦吞并六国、巩固政权的过程。

> **安邑下官钟：** 出土于陕西省咸阳市塔儿坡，是战国时期魏国的器物，通高56厘米，口径19厘米，腹围116厘米。

这件器物腹部刻有"安邑下官钟"几字，安邑是魏国城市，因此，它最早应该造于魏。但是它的腹部还刻有27字铭文，这些铭文从内容到铭刻方式与一件韩国力阳发现的力阳上官皿完全一样，因此，安邑下官钟很可能辗转到了韩国，又校正了容量。铭文写道：十年九月，韩国名叫成和狄的官员将容量校正为"增大了大半斗加一溢"，即今天的1300多毫升。最后校正的是秦人，在器物径部有一条横杠，刻有两个小篆字迹"至此"，其上标明了"十三斗一升"。

安邑下官钟仿佛一部秦人统一天下的活历史。可以想象，如果各诸侯国文字、货币、度量衡、车轨等各行其道，秦便无法统一管理，无法实现全权掌控，也就无法巩固中央集权的统治。

安邑下官钟同时也是六国命运的写照。统一之前，面对强秦，六国无法掌握自己的命运，统一之后就更加任由其摆布了。

史书记载，秦始皇首先雷厉风行地收缴天下兵器，铸成铜人立于咸阳。然后又将诸侯国的豪强富户12万人迁徙到自己周围，监视居住，彻底断绝六国死灰复燃的可能。统一后第二年，秦始皇从咸阳宫发出命令：绞杀燕太子和荆轲的门客。高渐离再次仓皇出逃。秦始皇对六国遗患的斩草除根使秦与诸侯国的仇恨之火再不可能熄灭。

故宫是明清京城的核心，是外郭城包含的宫城。中国自西周以来都城的布局都是由宫城和外郭城组成。燕国国都今天还保留着高达六七米的城墙，并已发现4座城门。但迄今为止，考古人员只在咸阳找到咸阳宫初建时的宫城城墙，却始终找不到外郭城。是没有找到，还是压根没有？咸阳城难道大到无法修筑城墙了吗？

六、空前的国度

史书记载，秦的疆域北据黄河为屏障，顺着阴山直至辽东，东至大海和朝鲜，南至门朝北开的地区，西至临洮、羌中。

建国伊始，秦始皇启动了规模庞大的建设计划。他北筑长城，以保卫北方领土的安全；南修灵渠，沟通长江和珠江，远征珠江流域；以咸阳为中心修建通往东方、南方诸侯国家的驰道——宽度约合今70米、双向并行八车道的国家级干道。

这一时期还有一项工程格外引人瞩目，就是极庙——秦宗庙的修建。

为什么一座宗庙的修建受到如此关注？这需要比较春秋以来秦宗庙地位的变化。

雍城是秦迁都咸阳之前294年的国都，陕西省宝鸡市的凤翔县已经发现它的遗迹。雍城平面近方形，城区中轴线上是马家庄遗址，主要由西部的朝寝宫殿建筑群和东部的宗庙建筑群组成。古语说："国之大事，在祀在戎"。先秦之前，政治体系都是靠血缘关系维持，因此，祭祀先祖一直是国家最重要的事务。马家庄遗址中宗庙与朝政宫殿的"平起平坐"就鲜明反映了这一点。

但是到了秦始皇时期，宗庙移到渭河以南。渭河在咸阳塬下，蜿蜒流向东方，而咸阳塬上则是秦迁都以来苦心经营的咸阳宫城。秦始皇将宗庙移出宫城，迁到渭河以南，是他抛弃血缘政治纽带，不断加强个人统治的野心的表露。

秦始皇建立了郡县制，注重利用地缘政治，凡是跟他政治观点一样、支持他的人，不管是不是他的亲属都用。他抬高了皇权地位，抬高皇权体现在突出了宫殿，降低了宗庙。他的举动，是从王国时代到帝国时代、从王权到皇权政治变化的反映。

秦始皇要通过建筑不断加固皇权，反过来，不断强化的皇权帝制又刺激了他日益膨胀的欲望。据统计，秦始皇初期，同时兴建的重大工程多达六七项，包括长城、直道、驰道、灵渠、秦始皇陵、咸阳宫城等，每项工程使用苦役多达几十万人，整个帝国仿佛是一个繁忙的大工地。

宋子，位于今天河北石家庄附近，原是赵国的一个边陲小镇，灭亡六国的过程中，大城市邯郸被秦军屠戮，这里就聚集了许多燕赵遗民。

《史记》记载，逃亡途中的高渐离隐姓埋名在宋子的一家酒馆做了酒保。酒馆人声嘈杂，老板时常请人击筑助兴。高渐离听毕偶尔议论几句，结果引人侧目，纷纷请他演奏。

高渐离一曲成名，被召进宫。他终于走进夜思日想的咸阳宫。而此时，秦王朝又一项重大工程——阿房宫启动。

《史记》中说，公元前212年，秦始皇觉得咸阳人口众多，先王宫殿狭小，于是在渭河南岸造阿房宫前殿为未来的朝宫。

秦始皇希望在终南山上修建门阙，作为咸阳南大门，然后和阿房宫二者之间架起阁道。一个空中阁道将北渡渭水，与咸阳塬上宫城连接。咸阳宫象征天帝居住的紫微宫，渭水好比银河，天帝可以从天极，即极庙出来，经过阁道，横渡天河而达于紫微宫、阿房宫。这是一座按天象规划的都城。

▲ 阿房宫

最终，考古人员确认阿房宫前殿夯土基址东西长1270米，南北宽426米，最高处达12米，总面积55万平方米。是之前发现的咸阳一号宫的100倍，比世界上现今最大的广场——天安门广场还大。

然而夯土基址之上并无宫殿建筑遗址，阿房宫竟然是建到一半的工程，令人震惊。秦始皇自称帝以来从未中断过工程的建造，难道出现了意想不到的变故？

在修建阿房宫之前，秦帝国朝堂之上就有一场关于统一和分封的激烈辩论。秦建立近 10 年，两种理念的争论从未停止，武力可以征服六国的土地和人民，却未必能征服人心。秦始皇再一次沿用了暴力手段，这就是后来众所周知的焚书。

焚书事件标志着秦与六国难以消除的对立，焚书的后果也将根基不牢的秦帝国大厦推向倾覆的边缘。

七、黑暗中弹唱

进宫后不久，高渐离便被人认出。也许是太喜欢高渐离音乐的缘故，嬴政并没有杀他，只是熏瞎了他的双眼。司马迁专门强调是熏瞎而不是刺瞎。据说是因为秦始皇担心刺痛感会使人心智发生变化影响演奏水平。

高渐离的刺杀只是秦将近 100 年中遭遇的绵延不绝的反秦浪潮中的一幕，从万众景仰的音乐家到苟且偷生的逃犯；从故国亲人消逝到知己被残杀；高渐离的经历也许是很多六国遗民的命运缩影。司马迁用相当笔墨歌颂了高渐离的大义悲壮，他已经感觉到反秦浪潮正在以一种前所未有的声势悄然推进。

八、咸阳宫城究竟有多大

1989 年，在距咸阳市 6 千米的古沙河桥上发现了两座秦朝桥梁遗迹。

其中比较完整的一号桥长 300 米，宽 22 米，已发掘出的 16 排 112 根木桩直径至少 40 厘米。桥末端河道内有 7 件 U 型长槽的铁质铸件，长 6～7 米，每件重 2～3 吨，桥南还发现了长达 116 厘米，重达 32.5 千克的铜构件，是桥的建筑装饰附件。庞大的装饰附件让人无法想象桥究竟有多大。中国人最熟悉的南京长江大桥宽 15 米，可并行 4 辆大型汽车，再加上两侧各 2 米宽的人行道，不过 19 米，而 2000 多年前的古沙河桥只是秦帝国通往上林苑中几座离宫的普通桥梁，就宽达 22 米。

专家结合史书推测出帝都咸阳的大致布局为：一号宫所在是咸阳初建时北塬咸阳宫城，其他主要宫殿还包括兰池宫、望夷宫、阿房宫、极庙等，实际上这是一个大型闭合圈。整个范围以咸阳为中心，离宫上百，直径 80 余千米，如果这样一个区域全部算作咸阳都城，它已是汉长安城的上百倍。

▲ 宫殿

专家认为，秦如果有外郭城就是以自然地形作为外郭城，整个关中地区都是它的都城，它把南边的秦岭、西边的龙山、北边的山西和东边的崤山黄河作为它外部的城墙。实际上，秦在关中地区修了 300 多个临宫别馆，并用各种道路把它们连接起来，实际上已经形成了一个大的都城圈。

九、截然不同的反应

有历史常识的人都知道楚汉争霸的故事，最初进入咸阳的是刘邦，而史书中记载，最终烧毁秦宫的却是项羽，为什么刘邦先进去却没有焚毁秦宫，项羽后来却怒火冲天？

刘邦在咸阳城看到了什么？史书没有写，只透露萧何找不到刘邦，不知是刘邦在咸阳宫中迷路，还是萧何迷了路。总之他们几乎什么动作也没有，就悄悄离开了。

而项羽在这里看到了什么？当刘邦揣摩着当了皇帝竟能拥有如此不可想象的宫城的时候，项羽看到的也许只有私仇家恨，秦始皇利用全天下，尤其

▲ 咸阳宫秦博物馆

是霸占他们楚国的财富为自己服务的事实。项羽怒从心起，咸阳宫城立刻变成一片火海。但是事实证明，刘邦胜利了，当帝王制度已经成为不可逆转的时代潮流时，项羽最终失败。

今天，再次俯瞰咸阳宫城中的一墙一瓦，如果没有秦王朝创立的帝王制度，就绝不会有难以想象的帝都咸阳。然而也许正是因为秦始皇丝毫不吝惜民力的庞大建筑，才导致秦王朝不可思议地毁灭于旦夕之间。贾谊、刘邦、高渐离、秦武阳……无数历史人物看到了不同的咸阳宫，无论兴与衰，它都是一座无与伦比、书写传奇的帝国都城。

2000多年来，没有人能够清楚地了解阿房宫建筑的格局和规模。人们只能跟随着杜牧的《阿房宫赋》去想象这座万世之宫的精美与宏大。

阿房宫

历史上关于阿房宫记载最详细的就是司马迁的《史记》："先作前殿阿房，东西五百步，南北五十丈，上可以坐万人，下可以建五丈旗。"但令人奇怪的是司马迁在详细描述了阿房宫前殿后，对阿房宫的总体规模和形式却只字未提。

2002年10月，考古专家李毓芳带领阿房宫考古队，在距古城西安不远处一个巨大的土台子上，开始了阿房宫遗址的考古发掘。通过考古发现的证据和对照《史记》的记载，可以确认这个巨大的土台子的确曾是秦朝阿房宫前殿的遗址。

了解阿房宫的人们至今还在痛惜，是那场大火毁掉了这座万世之宫。然而在经过细致、缜密的考古勘探后，人们没有在遗址中发现被大火焚烧的痕迹。难道这座宏伟的宫殿有幸躲过那场火光之灾？也许

▲ 阿房宫遗址

人们可以找到一些证据来验证这个大胆的猜测。但是，考古发掘的结果却更加出乎意料。在约 54 万平方米的夯土台上，人们连可以证明阿房宫存在的建筑遗骸都没有找到。难道阿房宫人间蒸发了？

经过了大量的勘查，考古人员用科学的手段给人们澄清了一个久远的误解：阿房宫前殿根本没有建成！

或许，杜牧只是以诗人的想象借那海市蜃楼般的宫殿来警示后人，但这块土地在失去阿房宫后依旧让人肃然起敬，因为这里始终承载着那个伟大的梦想。

> **夯土：**一层夯实的土层，结构紧密，一般比生土还要坚硬，而土色不像生土那样一致，并含有古代的遗物。最明显的特点是能分层，上下层之间的平面，即夯面上可以看出夯窝，夯窝面上往往有细砂粒。古代的城墙、台基往往是夯筑的。

一、郿邬岭

公元前 207 年，项羽点燃了一场惊天动地的大火。在这场大火中，随着一个王朝的消失，一座恢宏的殿宇也在顷刻间灰飞烟灭——它就是阿房宫。

在那场大火被点燃的几年之前，中国历史上另一位著名人物——秦始皇，也曾有过一个惊人之举。司马迁的《史记》中记载了这段历史："始皇以为咸阳人多，先王之宫廷小，吾闻周文王都丰，武王都镐，丰镐之间，帝王之都也。乃营作朝宫渭南上林苑中。"

秦始皇认为祖先留下的咸阳城已经装不下他千秋统治的大业，他要在这块方圆几百千米有着帝王之气的上林苑中建造一座更大的朝宫。一时间，70 万劳工被驱赶出家门，修建那座始皇帝心中梦想的宫殿。

▲ 秦始皇像

这时，距离阿房宫被焚毁只有不到 5 年的时间。

2002 年 10 月，中国社会科学院考古研究所的李毓芳教授来到了阿房宫遗址现场。这是一片高大的黄土台地，当地人叫它"郿邬岭"。根据文献记载，秦始皇的新朝宫就修建在这片黄土台地上面。

尽管阿房宫的建筑早已无影无踪，但中国国家文物局依然要保护这片遗址。为了取得详细的考古数据，李毓芳将在这里展开全面的考古勘探，去寻找那座埋藏在土层中的宫殿的踪迹。

当年在秦始皇的心目中，是想要把阿房宫打造成一座比咸阳城大得多的宫殿。但自从项羽点燃那场大火之后，人们就只能从历史文献中去想象它的恢宏气势了。史学家司马迁称："上可以坐万人，下可以建五丈旗"。唐朝诗人杜牧形容它："覆压三百余里，隔离天日"。依照秦始皇修建万里长城和秦始皇陵的气魄，阿房宫始终被人们认为应该是一座始无前例的巨型宫殿。

2002 年冬，李毓芳带领着考古队走上了阿房宫遗址现场的黄土高台。

李毓芳称，我毕竟干了几十年的考古工作，做的主要是宫殿的发掘工作，所以我认为这么大的土台子上面应该有宫殿群，那就是一组一组的宫殿建筑。要通过我们考古队的钻探、试掘、发掘把它的布局、结构弄清楚。

如今在阿房宫遗址上布满了村庄、果园和农田，它的东南部还有一处深深的凹陷。李毓芳清楚，现在的台地肯定已经不是 2200 多年前的模样了。考古队要首先调查它现存的面积和高度。

经过测量，台地的地上部分有 10 米之高，东西长约 1200 米，南北宽 400 余米。调查结果显示，整个遗址现存面积约 50 万平方米，但台地的边缘有着明显的缺损。要想弄清遗址当初的规模，就必须破开土层，直接探察到秦时期的地面。考古队员开始用探杆去寻找它原始的边界。不久探铲遇到了坚硬的土层，随之提取上来的是些极其细密的黄土，李毓芳知道这是一种经过人工夯筑的土质。

李毓芳解释，因为秦朝的宫殿建筑都建筑在一个夯土台基上面，所以在这个台子上出现夯土是非常正常的现象。

整个"郿邬岭"实际上是一个人工夯筑起来的黄土台地,随处都是夯土。在地层下,夯土消失后,就应该是夯土台原始的边界了。

李毓芳称,这样,夯土墙的北边沿找到了,东边和西边也找到了。

李毓芳凭借着探杆提取上来的土样,在无法看到的地下探察到了这个夯土台最初的面积和高度。

李毓芳称,就是东西长1270米,南北宽426米,高度在秦朝地面以上12米。

计算下来,阿房宫的夯土地基当年准确的面积为54万平方米。李毓芳认为,和人们想象中那个大气磅礴的阿房宫相对照,它的地基似乎不应该只有这区区半平方千米。在司马迁的《史记》中,李毓芳看到这样一句话:"先作前殿阿房。"

李毓芳说,如果把朝宫比成故宫,前殿就是现在故宫里的太和殿。是在整个朝宫里的一个核心建筑,也是这个朝宫最主要的建筑。

如果只是为朝宫中这个重要的前殿打造出一个半平方千米之大的地基,看起来是顺理成章的。接着,李毓芳又发现了司马迁对前殿规模的描述。

李毓芳称,根据司马迁所写的规模,"上可以坐万人,下可以建五丈旗"。这个规模应该是阿房宫前殿的核心建筑的规模,也是主殿的规模。

原来,这个遗址只是当年阿房宫前殿坐落的地方。但就是这样一个前殿的地基,核算下来竟然用去了650万立方米的黄土。仅仅是夯筑起这个土台,都是一个巨大的工程。由此可见秦始皇心中设想的那个新朝宫该是何等的大气磅礴。

至今,人们仍无法忘记项羽点燃的那场大火,无法忘记司马迁的痛惜:"项羽引兵西屠咸阳,杀秦降王子婴,烧秦宫室,火三月不灭。"从那时起,我们便失去了阿房宫。这是2200多年来,第一次对阿房宫遗址进行的全面考古发掘。作为这次考古发掘的领队,李毓芳更加期待能在夯土之中找到阿房宫的踪迹。

李毓芳称,本身夯土就是一个重要线索,大片的夯土往往就证明这个地方有建筑。但是它不是唯一证据，还必须再有其他旁证，必须有瓦砾，瓦砾堆积，有木结构留下来的痕迹。

考古发掘开始向纵深推进。李毓芳决定开挖探方，破开土层去寻找宫殿建筑的证据。

李毓芳称，根据这个夯土台子上夯土的高高低低、宽宽窄窄等各种迹象，可以分析出阿房宫前殿上面的宫殿群的布局和结构。

> **探方：** 大面积考古发掘时开掘的方形或长方形基本单位，常多个相连，整齐排列。可用以了解地下的堆积情况并揭露出古代人类留下的遗迹、遗物。一般用于遗址的发掘，为工作的基本单位，其大小依需要而定。

这一天，当探坑挖到3米多深时，考古人员小王感到手中的探铲遇到了一个坚硬的东西。他开始警觉起来，小心地挖下去，土层中露出了一片瓦砾。考古队的勘探已经进行了半年多时间，这是人们在地层深处见到的第一块古代建筑残片。

李毓芳认为，这个瓦片的堆积层不是秦朝的堆积层，而是东汉以后比较晚的瓦片了。

东汉是继秦朝之后的王朝，人们期望着在它的堆积层下能见到秦朝的物证。

李毓芳称，这层堆积层清理完了，马上底下就是夯土台子，之下再没有其他堆积层了。没有更早的堆积层，也没有秦朝的堆积层了。当时我的心头就紧了一下。为什么会这样，在东汉晚期的堆积层下面起码应该有秦朝的堆积层。有秦朝的堆积层就表明有秦朝的建筑物，但是现在看没有，所以我当时就觉得心里冒凉气。

如果没有找到秦朝的砖瓦残件，就无法证明这里有过那个时期的建筑物。然而，此时困扰李毓芳的还不只这些，还有一个重要的证据也始终没有出现。这里曾经伫立着秦王朝的旧都城咸阳宫，它也是在项羽的那把大火中坍塌的。经历了2000多年的尘封后，人们依然可以清晰地看到许多建筑物残骸遗留在土层中。不仅如此，在宫殿的遗址中还能够找到许许多多被大火焚烧过的痕迹。

> **咸阳宫：** 秦朝宫殿遗址。在陕西省咸阳市东。1959年起调查发掘。

李毓芳称，像发掘一号遗址和三号遗址的时

▲ 在咸阳宫发现的木柱土

候，就出现了大量的红烧土、炼渣、木柱灰。三号遗址，白灰面抹的壁画，已经被烧红了的墙。另外，木柱、壁柱都成了黑木灰。

当年，李毓芳曾亲身参加了咸阳宫的考古发掘。在人们的记忆中，阿房宫的命运和咸阳宫一样被"楚人一炬，可怜焦土"。阿房宫遗址中也同样应该掩埋着大火焚烧的物证。

李毓芳称，一开始没注意到是否被火烧过的问题，因为当时就想，应该在这个台子上找宫殿建筑、找宫殿布局，弄清楚有多少座宫殿。

人们在夯土台上已经勘察了半年多时间，尽管遗址中还没有找到秦朝建筑物的残骸，但那些被大火焚烧的物证却应该出现了。

可李毓芳却说没有发现带上来的土和发掘试掘中发现的东西，没有发现一点火烧的痕迹。

至今遗址中还没有发现被大火焚烧的痕迹，李毓芳开始感到了一丝不安。会不会是勘探过的区域碰巧错过了宫殿被烧的部分，为此她改变了发掘方案。这次，李毓芳首先加大了探眼的密度，并且扩大了勘探范围，生怕疏漏掉重要的证据。

李毓芳称，我们钻探得非常密，1平方米5个探眼，梅花布点。除了农民的房子、水泥地以外都钻探了。一共钻探了35万平方米，除了房子以外，全部都钻探完了。

在54万平方米的夯土台上，凡是能够下探杆的地方，李毓芳都没有放过。又过去了半年多时间，考古队将整个夯土台细细地梳理了一遍。

李毓芳称，火烧的像红烧土、木柱灰，还有炼渣，没有发现一点。

老天仿佛是在有意捉弄考古队，秦朝堆积层和过火痕迹依然毫无踪影。就在考古队为找不到秦朝堆积层和过火痕迹一筹莫展时，李毓芳听到了这样一种说法：在 20 世纪中期，遗址上曾掀起过一场"平整土地"的运动。如果遗址被大规模翻动过，那些火烧的痕迹会不会就被清理掉了？李毓芳立刻走访附近的村庄，她找到了两位当年的生产队长。

从老人那里得知，当年因为阿房宫前殿遗址是国家公布的第一批重点文物保护单位，所以遗址范围内的土地没有进行过清理和平整，底下的埋藏不可能遭到破坏。

当年，项羽焚烧秦朝的宫殿，目的是要从根本上毁灭这个王朝，那么如此重要的阿房宫，他是绝不可能放过的。但是目前这么细致和大面积的发掘，依然没能发现秦朝建筑的堆积层和过火痕迹，这使李毓芳不得不想到，这里是否有可能不是阿房宫的所在地。但《史记》中分明清楚地标记着阿房宫的位置。

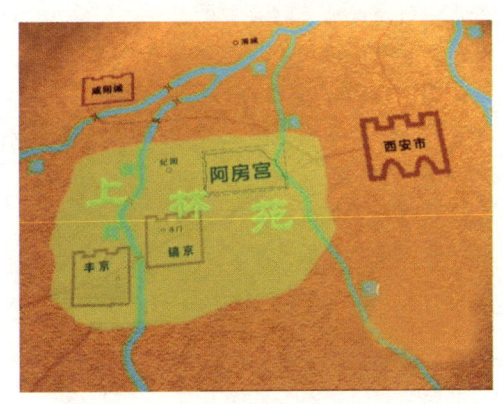
▲ 阿房宫的位置

丰和镐是周王朝的都城，经过考古勘察，它们的遗址早已被确认，秦始皇当年就是要把新朝宫建在这块有着帝王之气的风水宝地上。

李毓芳称，我们从渭河以南，到秦岭以北，经过调查了解的所有夯土台基中，秦朝的夯土台基，只有我们现在做工作的这个夯土台基是最大的。

除了《史记》，李毓芳又去寻找其他的历史文献，来考证阿房宫的位置。在《水经注·河水》中她发现了这样一段文字："池水北经镐京东，秦阿房宫西。"书中讲到的"池水"是指西周时期就有的彪池之水。按照书中的描述，彪池的位置应该在秦阿房宫西边，池水向北从镐京城东流过。那么，只要找到彪池，就能根据它定位出阿房宫的准确坐标了。事不宜迟，李毓芳在台地周边 2 千米范围内的区域展开了调查。终于她找到了彪池。

李毓芳称，经过我们调查了解，从彪池往北流的时候，它的西边就是镐京，而东边是秦阿房宫。它的东边就是我们现在做考古工作的，阿房宫前殿

水经注：《水经注》其书名为注释《水经》，古代地理名著。共40卷（原书宋朝已佚5卷，今本仍作40卷，乃经后人割裂改编而成）。实则以《水经》为纲，详细记载了1000多条大小河流及有关的历史遗迹、人物掌故、神话传说等，是中国古代最全面、最系统的综合性地理著作。该书还记录了不少碑刻墨迹和渔歌民谣，文笔绚烂，语言清丽，具有较高的文学价值。由于书中所引用的大量文献有很多在后世散失了，所以保存了许多资料。《水经注》的作者是北魏晚期的郦道元。不同版本中，以《永乐大典本》《水经注笺》《七校水经注》《水经注释》《水经注武英殿聚珍本》《合校水经注》及《水经注疏》为最著名。

的土台子。

这个巨大的夯土台就是阿房宫前殿的所在地，但地层下为什么找不到一点宫殿的踪迹，一时间李毓芳也无法解释其中的缘由。这天，在探沟的侧壁，她的探铲接触到了一片坚硬的夯土，她发现这是一堵东西向的夯土墙。土墙是建在台子的北沿上，中间宽，两端窄。墙体最宽处有15米，窄的地方有6米多，全长近千米。

李毓芳认为，根据我们以往的经验，这么宽的墙，有15米，它南边的建筑必须是阿房宫前殿建筑的核心建筑，所以，秦始皇治理朝政的具体地点就应该是这里。

这道埋藏在地下的夯土墙，终于让人们有了新的希望。既然勘探到北部有墙体，遗址其他三面会不会也有围墙。然而，台地的东西部已被村庄覆盖，发掘工作不可能在那里展开。唯一的办法，就是去走访村民。

经过走访，人们从村民那里得知，台地的东西部各有过一道土墚，后来由于要修建房屋，土墚才被刨掉。阿房宫前殿的地基上，曾经东西北三面都有围墙。但围墙中建筑物的残骸在哪里？如果阿房宫被大火焚毁，必定会留下的火烧痕迹在哪里？带着这些疑问，李毓芳再次来到了咸阳宫的考古现场。如今这里红烧土、炼渣随处可见。但考古发掘认定，阿房宫遗址中确实没有这样火烧的物证。

在整个阿房宫的遗址被细细梳理过一番后，依然没能找到火烧的物证时，李毓芳不得不向那段历史提出了自己的质疑。

李毓芳称，应该是说项羽烧阿房宫，这个说法可能不符合事实，可能与我们的考古发现是相违背的。

公元前207年，项羽入关后，不仅要将秦宫室烧毁，更是企图将秦始皇陵、兵马俑等一切留有大秦印记的东西全部毁掉。近年来的考古发现多次证实史书中的记录是正确的。但为何偏偏在阿房宫的遗址中，却找不到一点证据来印证这段史料。查遍各家史籍，其中最早记载那场大火的就是司马迁的《史记》。但李毓芳认为以治学严谨著称的司马迁，不应出现如此严重的失误。

▲ 通过其他史书寻找阿房宫遗址

李毓芳称，《秦始皇本纪》上记载，"项羽遂屠咸阳烧秦宫室，掠其子女，收其珍宝浮财，诸侯共分之。"这就是说，项羽对咸阳实行了"三光政策"，但没有提阿房宫。

这是李毓芳再次查阅《史记》时发现的一个重要线索。阿房宫是秦始皇为自己修建的新朝宫，无论在政治上的重要性还是建筑规模，都大大超越了咸阳宫。无疑，它才是秦帝国皇权最突出的代表。

李毓芳称，在《项羽本纪》里的记载是，"烧秦宫室火三月不灭"。在这里司马迁还是没有提烧阿房宫。

如果项羽也将阿房宫一同毁掉，司马迁在记录这段历史时不会只字不提阿房宫。

李毓芳称，司马迁写《史记》的时候，距离秦始皇修阿房宫只有100多年，所以他完全可以到这儿来看一看，有没有被火烧过的痕迹。

究竟是谁让人们深信阿房宫毁于大火？仔细翻阅历史，只有在唐朝诗人杜牧的《阿房宫赋》中有"楚人一炬，可怜焦土"。这时，项羽、大火和阿房宫才被紧紧捆在了一起。但杜牧生活在晚唐时期，当时距离秦朝灭亡已经过去了1000多年，他不可能见到阿房宫被大火焚烧的真实场面。而司马迁在《史记》中只提项羽火烧秦咸阳宫，却对阿房宫是否被烧只字未提，其中定有缘由。李毓芳认为从自己考古发现的事实看来，这个缘由或许就是项羽当年根本没有点燃阿房宫,这也是阿房宫遗址没有发现火烧痕迹的唯一解释。

李毓芳称,我们经过2年多科学的考古工作,钻探、试掘、发掘,现在我们得出的结论是完全正确的,与《史记》是相一致的。所以,我认为项羽没有烧阿房宫前殿,这是肯定的。

究竟是何种原因唯独让阿房宫在那场大火中幸免,这个巨大的疑问又促使着李毓芳的考古勘探向更深一步推进。

二、楚人一炬?

2000多年来,没有人能够清楚地了解阿房宫建筑的格局和它的规模。人们只能跟随着杜牧的《阿房宫赋》,去想象这座万世之宫的精美和宏大。"覆压三百余里,隔离天日。五步一楼,十步一阁;廊腰缦回,檐牙高啄"。

历史上关于阿房宫记载最详细的就是司马迁:"先作前殿阿房,东西五百步,南北五十丈,上可以坐万人,下可以建五丈旗。"这个前殿如同故宫中的太和殿,是秦始皇处理朝政的地方。李毓芳正在考古勘探的夯土台就是这座前殿的地基。但阿房宫远远不只这一座宫殿,令人奇怪的是司马迁在详细描述了阿房宫前殿后,对阿房宫的总体规模和形式却只字未提。关于阿房宫仿佛还有着许许多多不为人知的秘密。在这次对阿房宫前殿遗址的考古勘探中,李毓芳初步得出的结论足以令人震惊。但从那时起,考古工地沉寂了很长一段时间,没有了新的发现。

这一天,人们像往常一样在遗址北边曾经发现夯土墙的地方清理着探方。探方的底部又露出了瓦砾,李毓芳按照常规小心翼翼地起出

▲ 清朝袁耀《阿房宫图》

一块瓦片。阳光下瓦片上的纹路清晰可见,这让她怦然心动。

李毓芳称,有很多秦朝的瓦片堆积,少数是汉朝瓦片。这时候心里有点踏实了。不管怎么说,在夯土台基上面有建筑。出现了北墙的建筑,北墙顶部的建筑倒塌下来,北墙上的护瓦就塌下来了,就说明会在夯土台基上面,我认为以后会出现宫殿的建筑。

从2002年开始发掘到现在,时间已经过去了一年多,看到遗址中出现的这些秦朝瓦片,考古人员知道2200多年来深藏不露的阿房宫终于现出了一丝端倪。

不久,考古人员小颜发现了一块特殊的瓦片。李毓芳立刻把它带出了探坑,这块瓦片上似乎刻印着几个字。瓦片被专门放置了起来,李毓芳准备回到实验室中进行仔细辨认。如果能继续出现更多的秦朝建筑物残骸,考古人员就可以根据它们所提供的信息,一点点摸索出阿房宫前殿的格局和规模。

这时,考古人员小王又发现了一块非同寻常的瓦片。他立刻将瓦片递给了在上面的李毓芳。经过仔细辨认,李毓芳认出刻在上面的是"大匠乙"三个字。这三个字表明,这片瓦是一位叫乙的秦国工匠烧制的。

与阿房宫一样,咸阳宫也是秦朝的皇宫。20世纪70年代,在对咸阳宫遗址进行考古发掘时,人们找到了大量的宫殿建筑材料,有雕刻着龙纹图案的皇宫专用地砖,还有各种做工考究的滴水、瓦当。咸阳宫早已被确认是在那场大火中化为灰烬的,除了红烧土和炼渣,它依旧留下了大量的建筑物残骸。在宫殿的废墟下面,人们还发现了巨大的排水管道。这些物证,不仅让人们探察到它当初的格局和规模,更重要的是证明了咸阳宫的存在。

滴水: 古建筑中屋顶坡面瓦垄垄沟最下端的带有如意形舌片的板瓦。用以坡面排水,使雨水沿舌片下流。滴水一般均有浮雕花纹。辽朝以前滴水不见有舌片。其花纹按时代和区域不同各有差异。

阿房宫是秦统一后修建的新朝宫,它的建筑成就会令人更加惊叹。在发现了秦朝瓦片之后,阿房宫前殿遗址的考古发掘进度加快了。李毓芳认为,既然考古发掘已经证明阿房宫前殿没有被大火焚烧,那么2200多年的岁月有

> **瓦当**：建筑物檐头筒瓦前端的遮挡。流行于中国、日本和朝鲜。最初为半圆形，后演变为圆形。多带花纹，有的还有文字。在中国出现于西周时期，各时期的瓦当花纹、字体均各有特点，是了解古代手工业、建筑、雕塑、书法的重要资料。

可能蚕食掉它地上的部分，但地下依然可以保存着大量的物证。然而事情并没有想象的那样顺利。

李毓芳称，没有秦朝的瓦当出土，也没有像一般宫殿必备的壁柱出始，名主出始，还有廊道、塞水、胶靴排水道等这些东西都没发现。我们在这个台子上探掘和发掘都进行完后，没有发现宫殿建筑的蛛丝马迹。

除了极少的秦朝瓦片，这座巨大的台地竟然只是一个平平整整、干干净净的夯土堆。既然项羽没有烧毁它，还有什么可怕的力量能如此彻底地摧毁这座宫殿？李毓芳开始面临一个巨大的难题，因为没有发现足够的建筑物残骸，就无法证明这里曾经有过宫殿建筑，更无法证明阿房宫前殿的存在。

为了尽快找到建筑物残骸的踪迹，考古人员依然坚守在工地。只要地下的土层有异常现象，李毓芳都要开辟探方查个究竟。在台地的北沿，随着土层的变化，李毓芳意识到夯土台的侧壁可能有一种特殊的结构。

李毓芳称，我们发现在夯土台基的北沿，为了加强夯土台基的稳固性，有收分台面的结构。

为了查看清楚这个结构的细节，考古人员顺着夯土台的北沿挖出了一个100米长的探方，把夯土台的边缘打开了一个剖面。经过清理，人们发现夯土台的侧壁不是一个简单的斜坡，而是分切成几节台阶逐渐升上去。随即人们又勘察了台地其他几面斜坡。中部是两层收分台面，在东部和西部就是三层收分台面，但奇怪的是在夯土台的南面，人们却没有找到这种收分结构。这让情况变得有些扑朔迷离。收分台面是秦朝建筑的一个特点。由于秦朝的宫殿都是建在高大的夯土堆上，台地的侧壁必须加固，并且四面都应该进行收分处

▲ 并非剖面，而是台阶

理。联想到在发现围墙的时候，台子的南面就是和其他三面不一样，没有夯土墙。如今，又没有进行必要的收分处理，李毓芳对地基的南边做了更细致的发掘。

> **收分**：所谓"收分"，就是建筑物自下而上逐层收进，呈上细下粗的趋势。收分能增加建筑物下部的宽度，增强建筑物的稳定度。

李毓芳称，是成为坡状的，自南向北逐渐向坡上的几层路土，我们分析认为，这个土是从南面运来的，往夯土台基的北边运土，土运到北边以后，再向后退着往南打夯的。

如果为了运输黄土，夯筑地基理应修建一条坡道，甚至宫殿在建筑过程中这条坡道都有存在的理由。但是当宫殿建筑完成后，这条坡道应该就没有存在的必要了。

如果阿房宫前殿已经建完投入使用，没有道理再留下一条运土坡道。这条不应该出现的坡道，让李毓芳有了一个大胆的推测。

李毓芳称，如果阿房宫的前殿建完了，前面一定会处理得干干净净。与现在的建筑一样，建成一座楼以后，前面绿化要弄得干干净净的。但现在看，路土还存在。几层路土都没有处理完，我推测是不是宫殿没建完。

在对这座人们普遍认定的宏伟宫殿提出质疑时，李毓芳相信自己是在用科学的手段澄清着一个久远的误解。阿房宫可以诞生在诗人的想象里，但没有充分的考古证据，它就不应该停留在这片土地上。司马迁的《史记》没有记载项羽杀进咸阳城后焚毁了阿房宫。考古发掘也证明阿房宫前殿遗址中没有大火焚烧的痕迹。这座宫殿既然能在那场王朝覆灭的浩劫中幸存下来，就不会无缘无故地从人间蒸发。

李毓芳称，阿房宫前殿建成台基，之后北墙打完了，东墙和西墙也有了，但在墙里面没有任何秦朝的建筑。

为了印证考古发掘得出的结果，李毓芳认为有必要再次翻开久远的历史。当初秦始皇下令修建阿房宫的时间是公元前212年，但在公元前209年，他就突然病死在了出巡的途中。在这之前，阿房宫和秦始皇陵是同时并行的两大工程，为了尽快安葬秦始皇，秦二世不得不决定停止阿房宫的工程，抢建秦始皇陵。这一年，距离秦始皇下令修建阿房宫仅仅不到 2 年。

据史料记载，秦始皇陵的修建时间曾长达 37 年，而阿房宫的工程在进行了 2 年之后就被终止了。李毓芳找出了那些带有标记的秦朝瓦片，这是阿房宫前殿遗址中出土的唯一物证。瓦片上留下的印记证明着乙曾经在阿房宫前殿的工地上烧制砖瓦。

李毓芳称，首先，这些陶文的内容主要是秦朝的，负责中央机构建筑的机构名称，还有工匠的名字，例如大将昌、大将伊，大将就是建筑机构的名称。

张中立解释，秦始皇和阿房宫是同时建的，这两个工程互相之间是残酷暴行，互相有冲突。主要力量可以调节，尤其是在秦始皇陵人数最多的时候为 72 万人，所以这个时期阿房宫同时保持 70 多万人是不可能的。

看来乙没能在阿房宫这里烧制出更多的瓦片，他很可能也被调到了秦始皇陵的工地上。这块瓦片上印制的是"北司"两个字，它是秦朝制作建筑材料官府的名称，无论是乙还是其他的工匠，都由这个机构管理。

李毓芳称，现在我们发现在阿房宫和秦始皇陵的建筑材料上刻印的印记，有相当一部分是在同一个官府生产的。至于实际操作的各种类型的技术工人，包括木工、泥瓦工这些人，现在看来，肯定两边是交叉使用的。因为当时文献明确记载，把阿房宫的工程停下来。停下来就是为了把这批人调去修建秦始皇陵，因为秦始皇在沙丘死了。

秦始皇的死亡足以撼动整个秦帝国，而秦始皇为自己设计的新朝宫阿房宫，这时自然也失去了继续建造的动力。大匠乙在阿房宫前殿的工地上只烧制出了不多的瓦片，就被调往了秦始皇陵。公元前 209 年 4 月，秦二世始登上了帝位，《史记》中记载秦二世在抢修完秦始皇陵安葬了父亲后，曾下达旨意："复作阿房宫"。但此时的秦王朝国运急转直下，恢复修建阿房宫还不到 2 年的时间，项羽、刘邦带领的起义军就攻进了秦帝国的大门，阿房宫的建造工程不得不再次停止。从此以后，随着秦帝国的消亡，史书上再也不见了阿房宫的踪影。

▲ 秦咸阳宫殿出土的驷马壁画

从秦始皇计划修建阿房宫算起，阿房宫前殿的工程总共历时不到 4 年。由于秦始皇的突然死亡，工程还被暂停了一段时间。这座秦始皇心目中的巨型宫殿，在没有现代化机械设备、完全靠人力施工的年代，短短的 4 年间究竟能够完成多少工程量？考古人员测量出了阿房宫前殿遗址的面积为 54 万平方米，但这是一个高出地面 12 余米的夯土台，仅仅夯筑这个宫殿的台基，就需要用 650 万立方米的黄土。靠人工夯制来完成这座夯土台基已经是一项庞大艰难的工程了，但阿房宫是关系着秦帝国千秋大业的重要建筑，对这个工程质量的要求应该是更加苛刻。在当地的老人中流传着这样的故事。传说当年地基上的土都要被细细地筛过，甚至放到铁锅里蒸炒，然后再靠人手拉肩扛运到台子上，由工人一下一下夯实。这样算来，将一个 54 万平方米的台面夯筑到 12 米高，4 年时间并不宽裕。这其中还没有计算出在取土的过程中所花费的巨大人工。

村民称，就是北边也取了土，南边也取了土，取回来以后，放到蒸锅里蒸，拿磨子磨，那个土都是特大一坨坨的。

张中立认为 600 多万立方米，这个工程量是很大的。仅建造这个台基就花上几年时间也是很可能的。

就在阿房宫工程进行的这 4 年间，秦王朝不仅遭遇了秦始皇的死亡，还不断有战争袭扰，更让它难于招架。

▲ 阿房宫前殿遗址

李毓芳称，这个时期，几次大的动乱和几件大的工程并行，工程进展的速度都受到很大的限制，所以这个时期，阿房宫没修成也是情理之中的。现在来看，一个2000多万人口的社会，同时要完成几件大事情，其有几件不能完成，是完全正常的。

如果4年时间才夯筑出一个前殿的地基，整个阿房宫又何以建成。随着秦王朝的崩溃，大匠乙的窑火也熄灭了。考古发掘的证据已经呈现了这样一个事实：在阿房宫前殿的地基中除了被夯筑的黄土，没有宫殿建筑。那几片小小的秦朝瓦片远远不能证明一座宫殿的存在。但在最后下结论前，李毓芳还是十分谨慎，她从地基的中部采集了一些夯土土样。显微镜下，不仅没有出现大块的炭灰颗粒，甚至连植物细胞的踪迹也少得可怜。土样检测的结果再次佐证了考古发现的结论。这时李毓芳知道，她目前掌握的证据足以质疑那个人们曾经普遍认定的事情，还原历史的真相。《史记》中也同样有着这样的记载："阿房宫未成；成，欲更择另名，名之。"

李毓芳称，这时候我心里很踏实，因为根据我们考古队的工作实际，通过我们真正的科学发掘、科学考古工作，得出的一个结论：在阿房宫前殿上，除了三面墙以外没有任何宫殿建筑。这时候我可以下结论，阿房宫前殿根本就没有建成。

尽管杜牧以诗人的想象借那海市蜃楼般的宫殿警示后人，让人们对它难以忘怀。但这块土地在失去阿房宫后依旧让人肃然起敬，因为这里始终承载着那个伟大的梦想。

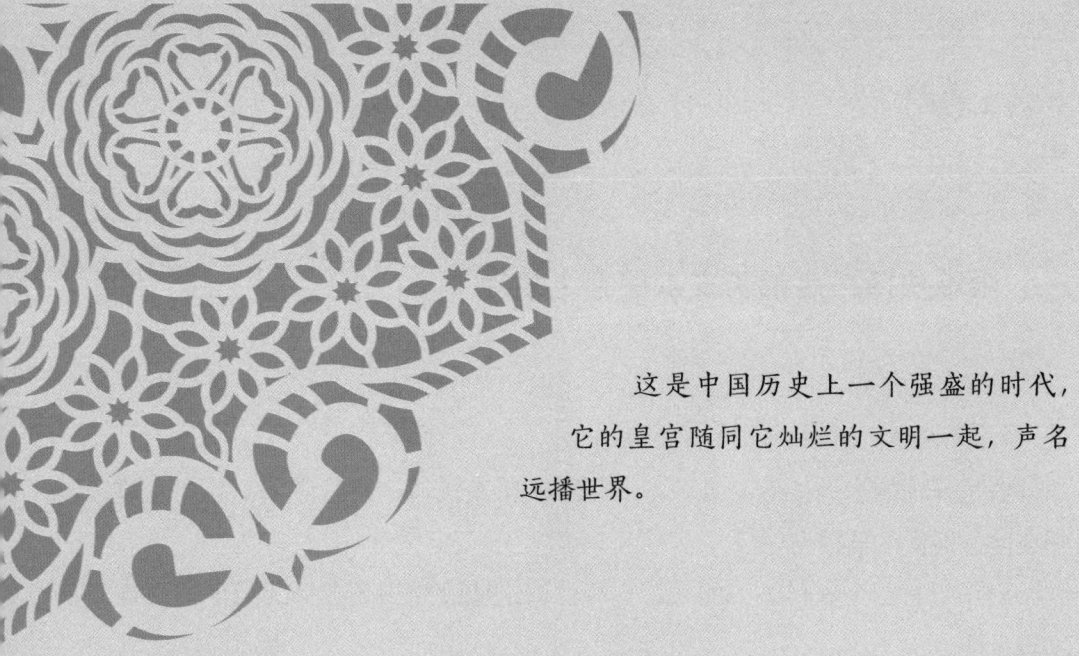

这是中国历史上一个强盛的时代，它的皇宫随同它灿烂的文明一起，声名远播世界。

未央宫

在这样一座美轮美奂的皇宫里，皇权与阴谋，宠臣与后妃，上演着一出又一出血腥、秘密的杀戮。在此考古学家将为我们还原西汉帝国，一座风云变幻的皇宫——未央宫。

西安，位于中国的中部，是世界四大古都之一，也是中国古都之首，曾有13朝古都建在这里。在西安古都所经历的朝代中，建都长安的汉朝和唐朝是中国历史上最强盛的时代。这些保留下来的古城墙，在诉说着它古老的历史和曾经的辉煌。

在西安市区西北大约1.5千米的郊外，2000多年前，这里是西汉帝国的都城长安城所在地。它的皇宫未央宫就矗立在此。未央宫是中国古代规模最大的宫城。根据考古专家的探测，它的面积是今天北京紫禁城的6倍之大，亭台楼榭布列其中，它的壮观无与伦比。而它的建筑形制深刻影响了后世中国的宫城建筑，奠定了中国2000余年宫廷建筑的基本格局。

今天，未央宫已经不复存在，我们只能从这片废墟遥想2000多年前那个王朝的身影。

一、艰难抉择：定都长安以保秦之故地

公元前202年，一个身穿布衣、一身灰尘的人，在侍卫好奇的目光中走进了刘邦所在洛阳的大内。

他是齐地的平民娄敬。娄敬本来正随队伍去戍边，路过洛阳，听人说刘邦在此，他便前来觐见。

刘邦望着这个衣衫破旧的人，有些惊讶，他没想到娄敬是因为定都的事来觐见他。

娄敬对刘邦即将定都洛阳的事侃侃而谈。

3个月前，刘邦刚刚在定陶登基称帝，对于日后定都哪里，他和大臣们已经讨论过多次。大臣们的意见是定都洛阳。因为洛阳是周朝的首都，有着优越的地理和经济优势，更重要的是，那里还是大臣们起家的地方。

当刘邦即将决定定都洛阳的时候，没想到娄敬竟然建议刘邦定都秦故地咸阳的长安县。娄敬的一番话像一粒石子，在刘邦的心里激起了重重涟漪。

定都洛阳还是定都关中的长安，刘邦一时无法做出决定。

娄敬的一句话反复在刘邦的耳边回响。娄敬说，如果刘邦能够建都关中，即使华山以东纷乱，秦国的故地仍然可以保全！

娄敬的这句话说到了刘邦的心坎上，所谓"华山以东"正是刘邦最担心的地方。

华山以东，属于关东之地，自古关东也是富庶之地，周朝的首都洛阳便在这里。刘邦的大臣们很多就是在这里起家的。

随着楚汉战争形势的明了，跟随刘邦起家打天下的大臣，越来越拥兵自重，以韩信和彭越为首的武将，甚至和刘邦订立"事成分地的约言"，这令刘邦深以为忧。

现在，西汉政权刚刚建立，定都的事关系到帝国基业，刘邦不能不想到，以韩信为首的武将重臣对西汉新生政权的威胁。娄敬的一番肺腑之言，让刘邦不得不重新思考定都的事。

刘邦就娄敬提出定都咸阳长安的事征求大臣们的意见，却遭到大臣们的反对。大臣们仍然坚持定都关东之地洛阳，他们的理由是：周朝定都洛阳，王朝传了几百年，秦朝建都咸阳，传位不过二代就灭亡了。

但是留侯张良却支持刘邦，他还当场分析了入关的种种便利。正是他的一番话语让刘邦下定了决心，并当即决定：移驾关中，建都长安。

▲ 未央宫少府遗址鸟瞰

二、环境优越：四关稳固万夫莫开

公元前200年，西汉从洛阳迁都长安，也就是秦都城所在地咸阳的长安县。咸阳是古关中之地，函谷关、武关等4个关塞分布在咸阳的四面，使咸阳形成固若金汤之势。

如果从两地的地理环境来讲，关中比关东要优越得多。那是因为关中在汉初定都时，已经经过了周秦的开发，并且地处关中平原，渭河流域，自然环境非常好。秦朝时候修了郑国渠，因此，这里可以称得上是旱涝保收的一个地方。除此之外，它的四周都有险阻隔，西边的陇山，南边的秦岭，北边的北部山系，东边有黄河和萧山，正因如此，人们才将它称作"四关"，关中也就是四边有关的意思，正好位于四面大山的中间地带，形成一个盆地，易守难攻，就是人们常说的一夫当关，万夫莫开之地。

汉朝都城长安位于咸阳的长安县，在渭河南岸，与秦朝都城咸阳隔河相对，这里有秦朝离宫兴乐宫。

刘邦到来后，将秦朝的兴乐宫改建为长乐宫，并居住在这里，同时命丞相萧何在长乐宫的西面兴建皇宫未央宫。

20世纪60年代，中国社科院考古所的专家们踏上了汉长安城遗址，多次进行汉长安城遗址的挖掘。

到了80年代，以刘庆柱、李毓芳为首的考古专家们，又对西汉皇宫未央宫进行了考古发掘。

关于未央宫的修建，史籍并无明确详细的记载。从史籍零落的描述中可以得知，未央宫主要是在高祖刘邦时建成，之后的历代西汉皇帝只是修补增筑。汉高祖时修筑的未央宫，从刘邦的儿子惠帝以后，开始成为西汉皇帝的皇宫。

自从惠帝移居未央宫，长乐宫就改为太后之宫。而此前，刘邦一直住在长乐宫。

公元前198年的一天，高祖刘邦刚领兵作战归来，一身征尘，就被丞相萧何兴冲冲地拽到刚修建完的未央宫前。

刘邦看到壮丽的未央宫前殿，脸色大变。他愤怒地质问萧何："天下还没安定，成败还不可知，为什么这样过度豪华地建造宫室？"

萧何对刘邦说："天子以四海为家，非壮丽不足以表示天子的威严。"高祖听了，这才转怒为喜。

三、中国之最：面积6倍于明清故宫

2000多年前的未央宫，如今早已成为一片荒寂的原野，它的城墙在地面上已经看不到遗迹。为了弄清未央宫的面积，考古专家对埋在地下的城墙遗迹进行了钻探，结果令人惊讶。这座已化为废墟的皇宫，周长8800米，有5平方千米的面积，是明清故宫的6倍之大。

这样一个勘探结果，意味着未央宫是中国古代规模最大的宫城。

公元前197年的一个早晨，刘邦的父亲就踏进了未央宫。他接到儿子的通知，让他来看刚建成的皇宫。

这个出身卑微的父亲，做梦也没想到，最没出息的小儿子居然有一天能做皇上。

老爷子一抬头，眼前两座高大的阙直插云霄，威风凛凛。

刘邦的父亲不知道，阙在周朝的时候就已经出现了。阙最初用于帝王的建筑中，汉朝帝王崇尚"厚葬"之风，除了在宫殿之外，在陵墓入口处也建阙。现在保存下来的汉阙大多出现在四川省。

> **阙：** 皇宫门前两边的望楼，或墓道外的石牌坊。又称作两观、象魏，一般由台基、阙身、屋顶三部分组成。

当年未央宫前殿所建的阙已找不到痕迹，我们只能从长安城遗址中建章宫所留下的残阙，想象当年阙的威仪。

在宫殿入口处建阙，本意是让百官见阙后，反省自己的不足，显示出帝王的威严和对礼仪的要求。

刘邦的父亲走上一层层高高的台阶，慢慢接近威仪的大殿，眼前的未央前殿让刘邦的父亲惊呆了。张衡在《西京赋》里如此描述未央前殿："重轩三阶，闺房周通，门闼洞开，列钟虡于中庭，立金人于端闱，仍增崖而衡阈，临峻路而启扉。"

在当年刘邦父亲踏上的大殿——未央宫前殿遗址上，至今仍能看到一些高出地面1米至十几米的台基，这里就是长安城遗址中的最高处。

据史书记载，2000多年前的未央宫前殿，是以龙首山的丘陵为殿台，加工夯筑的。战国秦汉时期流行高台建筑，但只有重要的建筑才采用这种形式。

中国社会科学院学部委员、中国社会科学院考古研究所前所长刘庆柱参与了前殿发掘工作。他说："最初大殿进行钻探时，我们发现它是一座东西长200米，南北宽400米的台基。在台基上我们发现了南北排列的长方形台基，南北长、东西窄，排列三个大殿，所以我们又将最北边那个高台子称作后阁。"

考古钻探证明，未央宫前殿的台基上由南向北排列着三座大殿和高居北部的附属建筑后阁。

皇帝登基、接受朝谒等重大活动，都在前殿举行。武帝时张骞出使西域，宣帝时昭君和亲匈奴都是从这里出发的。

中间的宫殿是未央宫前殿的正殿，在前殿的北面。是西汉除刘邦之外各个皇帝的正寝，也叫宣室殿。宣室殿还是皇帝办公的偏殿。皇帝经常在宣室召见大臣，讨论大政，即使是皇亲国戚也不能随便进入。

史籍记载，汉宣帝"常幸宣室，斋居而决事"。

中国社会科学院考古研究所研究员、汉长安城考古工作队前队长李毓芳说："这三座大殿主要是皇帝办公的地方，最高处叫作后阁，现在东西长 143 米，南北宽 16 米，高 15 米，而后阁就是皇帝下朝以后临时休息和换衣服的地方。这也体现出了前朝后寝的布局。"

当年未央宫中最为壮观的前殿，而今只留下了一座台基和荒草中的柱础石。如今的我们只能从柱础石来想见当年未央宫前殿的规模。

李毓芳说："未央宫前殿现在仅存留下来的 2 个大础石，东边一个，西边一个。大础石是用花岗岩制作的，从它的体积来看是非常大的，南北长 1.2 米，东西宽 1.1 米。础石的顶面呈不规则形状，中间比较平整，也就是立柱子的地方。从础石的大小可以看出，上面栽的柱子直径也非常粗，而柱子越粗大，也就说明殿址、宫殿建筑的承重量越大。从这一点来说，也可以看出这座宫殿建筑是非常雄伟壮丽的。"

四、前朝后寝：奠定 3000 多年宫廷建筑结构

中国历代的宫廷建筑，大多遵循"前朝后寝"的布局规则。最早关于这一规则记载见于《周礼·考工记》。

其实早在商朝时期，帝王宫室就分为处理政务的前朝和生活起居的后寝两部分。这种前朝后寝的宫殿格局，奠定了此后 3000 余年宫廷建筑的基本结构。未央宫的三大殿排列方式，深刻影响了古代中国宫城中主要宫殿的方位配置。

所谓未央宫前殿实际上就是一座政治性的建筑，也就是政治活动的平台。

而政治活动平台用来体现些什么意义呢？那就是体现出从王国到帝国在政治上的权威。皇帝的办公大殿首先要位于宫殿中央的靠前位置，其次还要居高，这样才能体现它的权威。

未央宫作为一个国家都城的政治中枢，它的三大殿布局一直影响到中国封建帝国结束的明清王朝的故宫，3000余年来延续不断。

公元前197年的一天，一片欢笑声从未央宫前殿传出。

未央宫建成了，刘邦借此机会给父亲祝寿。他捧着玉杯来到太上皇面前，对父亲说："我年轻的时候，您老说我不务正业，不如二哥。现在我成就的产业，和我二哥比比，谁的大？"

刘邦的父亲含笑不语。群臣听了大笑，开怀畅饮。

在父亲的眼里，小儿子刘邦年轻时游手好闲，到处借钱喝酒，那时的人们，经常看到刘邦喝醉酒卧在路边。

儿子的话并没有引起父亲的在意，他没有想到，已经做了帝王的儿子，内心里很在意人们用怎样的眼光看待他的出身。

▲ 未央宫石渠阁遗址

刘邦的父亲绝不会想到，儿子这种微妙的心理，竟然会导致帝国的政权走向一个偏离常轨的格局。

夜幕降临，刘邦站在未央宫前殿，望着头顶的星空和无尽的宫殿，难以按捺胸中的豪情。"夜何其深，夜未央"，《诗经》中的这两句诗，引起了他无限的遐想。

未央宫的未央，正是取未尽之意。眼前的未央宫，金碧辉煌，一望无际。在刘邦的眼里，它象征着皇权永不衰落。

经过钻探专家们发现，未央宫前殿正好位居未央宫的中间，因为在它的东西南北四面各 1200 米的地方发现了宫墙。这就是说，皇帝的办公大殿未央宫前殿是择中而建的。

我国自古以来就有"尚中"的思想。天子居中心至尊之位，就意味着替天行道、行事正大光明。这种观念主要是受到了儒家中庸思想的影响。

最早贯穿这一"择中"原则的是周朝周王城的规划。后来各个朝代都承袭了周朝"尚中"的思想。

根据钻探结果专家们绘出了未央宫的平面布局图，发现未央宫的布局呈方形。萧何营建的未央宫，集中地体现了中国古代宫城建筑"择中""崇方"的观念。

对此，刘庆柱说："萧何以前殿为中心，往四面 1200 米左右形成一个东西长 2150 米，南北宽 2250 米的长方形的地方，并在这个位置构成宫城。宫城在过去叫作崇方，崇尚方形就是从这个时候开始的。"

西北大学文博学院副院长徐卫民教授也说："择中就是指天圆这个地方，它属于古代阴阳学的范畴。最早出现于春秋战国时期，是从阴阳学衍生出来的一种观念。中国古代历代统治者都利用这种观念，同时包括五行等内容，实际上是为他们的统治服务的。为什么说金木水火土五行都是不断轮回的？这就是统治阶层想要表达的一个观点，证明消灭以前的旧朝代是正常的，这样一来新的朝代就合法了。"

未央宫"择中""崇方"的这一切特点，都是帝王在皇宫的建筑上打下的皇权至上的烙印，他们希冀用建筑来延续他们王权无尽的梦想。

但是考古专家们没想到，平民出身的皇帝刘邦居然还用另一种手段，在皇宫的地下，延续着他帝业无尽的春秋大梦。

▲ 长乐宫排水管道遗址

五、椒房殿：地底暗藏杀机

公元前195年的春天，一个下人被带进了吕后所在的宫殿长乐宫。这个人自称是韩信府上门客的弟弟。他告诉吕后，淮阴侯韩信要在关中谋反。听到这个消息，吕后异常愤怒。

此时刘邦正在邯郸与反叛的赵相国陈豨作战，没想到韩信又在这个节骨眼准备谋反。

韩信握有重兵，一直以来就是刘邦心头的隐忧。此时的吕后，显示出富有谋略的一面。

吕后召见了萧何。萧何是西汉的丞相，富有智慧，面对吕后的处境，萧何献出一计：诱杀韩信。

此时吕后的身上透出一股杀机。

史籍对于皇后宫殿椒房殿的描述，充满了女性气息：用花椒和泥涂在墙壁上，使屋内散发出清香。所以古代把皇后宫殿叫作椒房殿。

未央宫建成之后，刘邦和妻子吕后一直居住在长乐宫，椒房殿是吕后之后的皇后们居住的地方。长乐宫就成为皇太后的宫殿。

张衡以形象的笔触描绘了未央宫的后宫区："昭阳飞翔，兰林披香，金户玉阶，彤庭辉辉，焕若昆仑。"然而就是在这样一个温软含香的世界里，却充满了膨胀的欲望。

考古专家在未央宫前殿的北部发现了皇后宫殿椒房殿遗址。它由三部分组成：正殿、配殿和附属房屋建筑。

椒房殿与皇帝的大朝前殿一样，也是坐北朝南，由正寝和燕寝两部分组成。这与未央宫前殿是同制的。

椒房殿的配制和布局，显示出皇后一人之下万人之上的权力。

在椒房殿，考古人员发现了大量的瓦当。汉朝瓦当受秦的影响以圆形居多，瓦当纹饰有文字、动物、植物及云纹等。

椒房殿出土了大量刻有"长生无极"的文字瓦当。这让专家们想起，以前进行的杜陵考古中，发现了大量的"长乐未央"文字瓦当，看来"长生无极"是专用于后宫的。在这不起眼的瓦当中，也体现了严格的等级之分。

考古专家们没想到，在椒房殿的地下，竟然会有令人意外的发现。

公元前 195 年的春天，这一天，韩信正随萧何穿行在长乐宫的回廊。他却没有心情欣赏长乐宫的美景。

韩信没想到自己与赵相国陈豨相约反叛，还没等自己起兵，陈豨已兵败。

韩信并不知道，这个消息其实是假的。萧何是奉了吕后的命令，跑到韩信的家里，告诉他陈豨已经被刘邦捉住。接到消息的大臣们按例都要去吕后面前道贺。

久已装病不朝的韩信，只好随萧何进入了长乐宫。

此时韩信并不知道，死亡正在一步步向他逼近。

这一天，考古发掘进行到了椒房殿的配殿区，眼前的发现令专家们惊呆了。此刻他们还不知道，西汉的宫廷斗争已经在未央宫的建筑里打下了烙印。

在这座配殿区的地下，专家们发现了秘密通道。这些通道都用方砖铺地，分布于椒房殿的配殿。这些巷道穿行于宫殿地面以下，各殿相连。

经历过许多古代都城考古的专家，从来没有见过在宫殿下建筑秘密通道。

那么帝王们建这些秘密通道的用意何在？难道真像人们猜测的是用来进行偷情的？专家一时无法得出结论。就在这时，从长安城中另一个重要宫殿，皇太后居住的宫殿——长乐宫考古现场，传来了一个令人震惊的消息。

六、秘密通道：通向无限幽暗和恐怖

西安，位于中国中部，是世界四大古都之一，也是中国古都之首。在西安古都所经历的朝代中，建都长安的汉朝和唐朝是中国历史上最强盛的时代。这些保留下来的古城墙，在诉说着它古老的历史和曾经的辉煌。

在西安市区西北大约 1.5 千米的郊外，2000 多年前，这里是西汉帝国的都城长安城所在地，它的皇宫未央宫就矗立在此。未央宫的规模远远超过了今天矗立在北京的紫禁城。

1980年，以刘庆柱、李毓芳为首的考古专家们，开始了对西汉皇宫未央宫的考古发掘。

令考古人员没想到的是，就在考古进行到未央宫的皇后宫殿椒房殿地下时，居然发现了秘密通道。

对于皇后宫殿地下的这些秘密通道，考古人员百思不解。如果说它们是皇帝用来偷情的，依照皇帝和皇后的权势，似乎用不着这样。那么它们到底是用来做什么的呢？

就在考古人员疑惑不解的时候，从未央宫西部的皇太后宫殿长乐宫考古现场，传来了另一个令人震惊的消息：考古人员在长乐宫也发现了秘密通道，紧接着在未央宫后宫区的后妃宫殿桂宫也发现了秘密通道。

长乐宫是刘邦根据秦的兴乐宫改建的，是建在未央宫之前，看来那时建秘密地道已经在刘邦的打算之中。

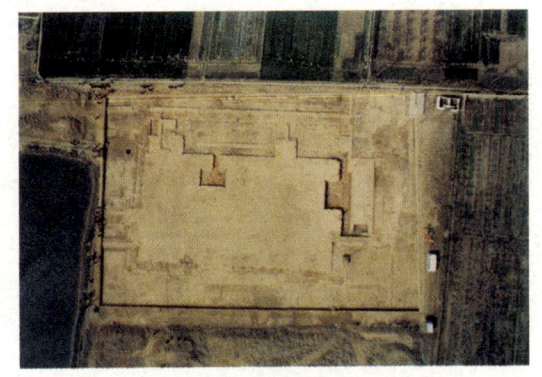
▲ 桂宫二号遗址鸟瞰

也许刘邦在建未央宫之前就已经对一些事情有所觉察，从而有所准备。

刘邦修筑秘密通道，也许是和他所经历的这一切有关。作为帝王的刘邦最担心的，无非是帝国的稳固。难道这些秘密通道能够和他的江山社稷联系在一起？想到这里，李毓芳不禁感到愕然。这在目前的考古史上，绝无仅有。

公元前195年的一天，韩信随萧何走进了吕后所在的长乐宫。

韩信感觉到一丝异样的气氛。

长乐宫里，排列着全副武装的卫兵。

这引起了韩信的一丝不安：难道萧何说的陈豨起兵反叛，被高祖捉住的消息是假的？

就在韩信刚刚踏进长乐宫的一刹那，两个卫兵突然扑过来。

面对吕后，将要被杀的韩信大骂："没想到，我一个堂堂大丈夫，竟然被小人和妇人所害。"

不久，刘邦平定了陈豨的叛乱，带着箭伤回到了京城。吕后向刘邦述说了杀死韩信的经过。

据徐卫民介绍："杀死韩信的办法很惨。吕后把韩信装在麻袋里，叫人用竹子来戳，硬生生把韩信戳死了。吕后为什么要这样做？这里面还有一个故事。韩信等人在刘邦建国的过程中立下了大功，刘邦本人不忍心于在建国之初就对他的手下大将功臣大开杀戒，所以他和韩信有一个约定，大意是说，如果有一天我刘邦不得以要杀韩信，只能在不见天、不见地的地方，不见铁器，也就是不用兵器来杀。正是因为有了这个约定，吕后就采用了这个办法：将韩信装在麻袋里，看不见天也看不见地；不用铁器，于是就用竹子把他戳死。"

知道韩信已经被杀，刘邦内心感情复杂。《史记》上描述刘邦的心情是"且喜且怜"。

望着吕后渐渐远去的背影，刘邦隐约感觉到这个女人心中的欲望，一丝不祥的感觉在他的心头升起。

刘邦没想到，他从此开启了一扇欲望之门，这扇门借助他修的地道，通向了无限幽暗与恐怖之处。

公元前194年，刘邦崩于长乐宫。

刘邦死后4天过去了，吕后秘而不宣，她和大臣审食其正在暗中策划一场阴谋。

而此时，刘邦的宠姬戚夫人却悲痛难眠。她知道，刘邦已经弃自己和儿子赵王如意而去。自己也已时日无多。

在刘邦驾崩之前，这一天，未央宫中大摆酒宴。

4位白发苍苍的老人朝见刘邦，这让刘邦非常意外。因为这4位老人就是有名的商山四皓。四老因品行高洁，银须皓首，隐居商山，而被世人称为

"商山四皓"。

刘邦立国以后，一直想请这4位高人辅佐帝业，却多次遭到拒绝。没想到，现在他们竟然表示愿意辅佐当今的太子，也就是吕后的儿子，未来的汉惠帝。

> **商山四皓：**"商山四皓"是指秦朝的4位博士：东园公唐秉、夏黄公崔广、绮里季吴实、甪里先生周术。后人用"商山四皓"来泛指有名望的隐士。

突然出现的商山四皓，让刘邦内心凄凉。箭伤日重的刘邦知道自己时日无多，曾经几次想废太子，改立宠姬戚夫人的儿子赵王如意为太子。但是由于大臣们的劝阻，这个计划一直未能实施。

现在吕后把商山四皓请来辅佐太子，这让刘邦无法再废掉太子。

刘邦伤感异常，他知道戚夫人母子以后一定会被吕后所害，但是自己又无计可施。刘邦让戚夫人伴舞，自己伤感作歌：

> 鸿鹄鸟往高飞，一飞就是千里，
> 它羽翼已长成，可以纵横四海，
> 它能纵横四海，你又能奈它何？

吕后的儿子惠帝即位后，戚夫人被吕后割断手脚，扔到猪圈。年轻的惠帝，虽苦心保护自己的哥哥赵王如意，赵王还是被吕后杀害。同时吕后大肆屠杀异姓和刘姓诸侯，分封吕姓诸侯。在吕后专权的几年里，刘邦的直系亲属、刘姓诸侯几乎被杀殆尽。

从吕后开始，汉王朝埋下了女主祸正、外戚干政的隐患。

未央宫里发生的历史，让考古专家豁然开朗。

刘庆柱说："汉朝初年为了接受秦灭的教训，一方面部分恢复了血缘政治，封属侯王，另一方面开始依靠外戚。这其中最为典型的就是刘邦，他既对开国大臣不放心，又对自己兄弟们不放心，于是就只能信任吕后，因此吕氏家族后来逐渐外戚势力出现，一直闹到最后汉文帝上台之前，汉初的外戚和皇帝、皇室之间的关系都是极其微妙的。用吧，不行；不用吧，也不行，而且用多了也不行。我认为，这种关系很可能也会体现在建筑里。"

2000多年前，未央宫后宫里的皇后、妃嫔和外戚们，正是穿梭于这些地道，进行着他们不可告人的血腥政治活动。

刘庆柱进一步解释说："了解汉初的这一段历史之后，我们就能理解为什么要在宫殿下面设地道了。后妃的宫殿是后妃政治活动的平台，皇帝要通过后妃拉拢外戚势力来支持自己的统治，但是这种东西作为政治活动是保密的，是不需要让另一种政治势力知道的，于是就需要修建这些秘道，以防被别人知道皇帝的政治活动，知道他在和谁来往。"

可惜一代帝王刘邦机关算尽，本想借助外戚的力量使江山永固，可他却没想到，这无尽头的地道也延伸了西汉后宫妃嫔们无尽的欲望，她们纷纷效仿吕后，企望一个江山大梦。

未央宫方形平面的形制继承了夏商以来宫城方形平面的传统。未央宫集中体现了中国建筑择中、崇方的观念。未央宫以宫殿建筑群为中心，突出主体建筑。其中最为宏伟的建筑就是皇帝的办公大殿未央宫前殿，未央宫建筑布局以未央前殿居中、居前、居高的特点深刻影响了汉朝以后的宫城建筑。

刘庆柱对这3个特点进行了详细的阐释："可以说，未央宫对于整个中国古代都城，尤其是对皇宫的形制影响非常深远。其中最突出的特点就是皇帝的办公大殿在居中的位置。另一个特点就是居高，为此修建的土台比现在其他地面要高出15米，而现在地面比原来地面又高出于1～1.5米，由此可以想象，当年它的高大雄伟。第三个特点就是居前，要求宫殿前面没有任何建筑物，就和现在太和殿的前面除了门就是门，没有一个建筑物是同样的道理，太和殿就是受了未央宫的影响。此外，未央宫里的其他一些建筑，比如后花园的水池建有仓池，而仓池里还要渐台，这套制度一直影响到后代。去过北京的人知道，北海、中南海就是把海放进去，把山放进去，把水放进去，都是按照汉朝的这套制度来修建的。"

未央宫历经高祖刘邦以及以后西汉诸帝的修补增筑，汉武帝时期，未央宫达到鼎盛，殿台楼阁达40多座，殿门81座。长安城成为当时可与罗马相媲美的世界性大都会。

西汉帝国强大的经济实力以及灿烂的文明缔造了规模宏大的未央宫,未央宫的建筑艺术也影响了后世中国的建筑,未央宫由此成为西汉帝国一个强有力的划时代标志。

七、少府主人:未央宫掘墓人

许多年后,步入老年的汉武帝逡巡在华美的未央宫,内心却非常忧虑。由于执政时深受祖母和母亲掣肘的痛苦,汉武帝担心他死后,西汉王权的存留,因为他也同样面临着"母强子弱"的困局。

公元前89年的一天,武帝正与钩弋夫人欢会,武帝突然斥责钩弋夫人,并把钩弋夫人打入狱中,只留下年幼的儿子刘弗陵立为太子。这就是后来的汉昭帝。汉武帝想以此避免女主辅佐幼主的悲剧。

这个英明的帝王和刘邦一样,为汉帝国可谓费尽心机。但是外戚干政就像决堤的口子,已经溃不可挡。

公元8年,也就是汉成帝绥和元年,一个年轻的外戚王莽露出了头角,正是他最终敲响了汉帝国灭亡的丧钟。

这一天,考古专家在一座建筑的半地下房屋内清理出土了一枚枚封泥,这些封泥竟然达到了上百件之多,其中大量刻有"汤官饮监章"的封泥引起了专家的注意。

"汤官饮监章"封泥,出土数量多达54件,而且集中在"传达室"内发现。这些"汤官饮监章"是做什么用的呢?解开它们的谜底,这座建筑的功能自然就会浮出水面。

刘庆柱说:"喝酒吃饭,在古代叫喝汤,汤官就是掌管吃喝的官,当然汤官管的吃喝专指宴会,而不是一般吃喝。汤官相当于今天的处长,在他的下面还要设若干'科长'。这其中有个饮监的官职,监在古代比官要小一级,而'汤官饮监章'就是指饮监的专用章。专家在清理少府遗址的'传达室'时,发现里面有很多封条,上面就盖着这个章。"

由此看来,这枚小小的印章是饮监专用的,是对皇宫的饮食起监督作用的,这样重要的印章,又为什么会出土在"传达室"呢?

专家解释:"这个'传达室'位于少府遗址的角落,内行一看都知道它是做什么用的。所谓封泥就是封条,给皇帝做的饭菜打上封条,是怕一旦皇帝中毒了,便于追究责任,谁负责准备就要打封条,然后盖上自己的章。那么为什么汤饮监章会出现在传达室呢?这个道理也很简单,就像现在送货的人要交货,交了货自然要有人验收,验收完毕东西就都放在那儿了。这样一来,就知道这个传达室是干什么的了吧?这个地方是请客吃饭的,相当于今天办公厅安排宴会的地方。"

汤官饮监章的出土就更加证实了专家的推测,他们所发掘的四号建筑遗址,应该就是未央宫的少府遗址。

少府是汉朝九卿之一,专门负责管理帝室财政和皇宫供养,它是皇室的总管,也就是说,他掌管着未央宫吃喝拉撒正常运转。少府机构众多,分布在未央宫的西北部。

在未央宫少府遗址,考古人员还发现了大量的王莽货泉,这证明了少府建筑使用的下限时间,也就是王莽时期。这些钱用绳子串好,基本没有动过。

刘庆柱说:"就像现在各个机关都有一些办公经费一样,这些王莽货泉放在少府,也是做流动资金用的。凭这一点我们就可以判断出,这座建筑一直使用到王莽时期。"王莽之后,未央宫被焚毁,串起钱币的绳子伴随整座未央宫一起被烧毁。

公元8年,外戚王莽让自己的儿子在未央宫逼迫太皇太后交出了玉玺。王莽的姑姑王太后没想到,自己费尽心机,亲手提携的侄子,

▲ 汉长安城遗址出土的王莽封禅泰山玉牒

竟然有一天要与自己争权。

公元 9 年，王莽称帝。未央宫的命运即将走到尽头。

少府遗址是距未央宫前殿和椒房殿遗址最近、规模最大的宫殿建筑群遗址。建筑群的主要殿堂和房屋地面都铺置地板，这在以往的古代建筑遗址发掘中较为少见。

未央宫少府建筑毁于王莽末年长安城点燃的战火。在发掘这座建筑时，专家们发现有大量红烧土，可以清楚地看到，许多砖瓦已被烈火烧结成流渣状。

少府遗址延续了皇室的建筑布局，都是主体建筑"择中""居前"。

八、神秘骨签：汉朝考古重大发现

这一天，在一座封闭式大型院落的建筑里，考古人员发现了极小，外形看来像是饰品的骨片。这些骨片一开始并未引起考古人员的过多注意，但让人想不到的是，骨片的出土数量竟达到了 5 万多片。正是这个庞大的数量让考古专家们意识到，这些骨片极有可能不是饰品。

李毓芳回忆："这些骨片挖掘出来时长 5～7 厘米，宽 2～3 厘米，材质是骨头这一点确定无疑。骨片上刻有字，但是让土锈锈满了，完全看不出来写的是什么。人们还发现，这些骨片中间还有个小的凹槽。当时在场的人都感到疑惑，这是干什么用的呢？虽然大家各有看法，但是这么大量的出土，有一点是可以肯定的，那就是它们绝不是什么骨饰品。"

那么，这些小小的骨片到底是干什么用的？考古人员一时得不出结论，可是当他们把骨片拿到室内经过处理以后，有了令人惊讶的发现。

经过处理把土锈去掉后，骨片上的字显露了出来。

这些骨片上面刻满了字迹，字迹很小，必须借助放大镜才能仔细辨认，就像是今天的微型胶卷一样。

可是，在那样一个久远的年代，人们都是借助木简来书写，为什么要费尽力气在这些坚硬的骨头上刻字呢？专家推测，一定是想保存一些秘密或者极其重要的内容。那么这些秘密的内容到底会是什么呢？

刘庆柱联想起骨签的出土位置，它们大多出土于房屋之内，而且多集中分布在房屋的墙体旁边。他推测，这些骨签应该是放置在这些房屋内靠墙而立的架子上。

他说："发掘出来时，这些骨签都放在墙的两边。不过并不是说当时它就是放在墙边的，我认为最初骨签应该是放在墙里，后来房子被焚毁，墙也倒了，于是骨签就暴露出来，成了现在的分布。我之所以这样认为，是因为我们后来统计骨签的出土位置时，发现都是放在房子的四周，而且大部分在房子内墙的四周，因而认定它们是在架子上放着。这些架子和骨签都是按地域有分类的，这个架子放西南地区的，那个地区就放华北地区的，就像现在的档案馆一样，只不过它是单一按地区来分类的。"

刘庆柱和李毓芳仔细辨认骨签上面的字迹，他们试图通过骨签上刻着的微型字迹，来探明这些小小的骨签所隐藏的秘密。这是一项艰巨的工作，骨签上的字迹由于微小很难辨认。在这些长度仅为5～7厘米的骨签上，刻字最少的也有4行，而最多的竟然达到44个字。

刘庆柱他们根据刻字内容发现，这些骨签都属于西汉时期，前后延续了100多年。年代最早的可以追溯到汉文帝甚至更早，最晚的到西汉晚期。骨签上记载的都是关于武器的问题，上面写着年代、人名、官名。这些工匠主要来自3个地方，一个叫河南工官，一个叫颍川工官，还有一个叫南阳工官。汉朝记载中称这3个地方叫三工官，相当于今天的中央直属企业，位置在今天的洛阳、南阳和平顶山附近区域。也就是说，这些骨签是给中央直接定做的武器所做的记录。

刘庆柱和李毓芳由此断定，这些骨签是作为秘密档案保存下来的。那么这组宫殿的主要职能是收藏作为国家或宫廷档案的骨签，也就是中央官署遗址。

至于为什么要费力刻在骨头上呢？刘庆柱认为这是为了让保存时间更长。

他说:"我认为这是一批档案,并且是一批中央档案,又因为它是记载关于军火问题的档案,因而非常重要,所以要好好保存,而骨质的东西保存的时间很长。"

刘庆柱认为,这些骨签对后人恢复当时的行政管理制度具有重要意义。

汉朝的官书,比如《二十四史》《史记》《汉书》等,只记录省部级以上领导的变迁,和省部级以上的政治机构的大体架构,对于县处级以下,尤其是科级、乡级根本没有记载。而这批骨签记载的工官正是相当于今天的县处级,它们的出土弥补了历史的不足。

未央宫中央官署出土的骨签,被誉为汉朝考古的重大发现。因为骨签的文字内容直接与皇室和中央政府有关,意义非同一般。

此后考古专家还陆续挖掘出未央宫的角楼,从角楼出土的兵器,可以想见2000多年前的未央宫戒备森严,张衡在《西京赋》里如此描述:"徼道外周,千庐内附,卫尉八屯,警夜巡昼。"

然而就是如此严格的军事保卫,也未能令未央宫逃脱灭亡的厄运。

王莽新政几个月之后,农民起义军攻进长安城,王莽被火逼至未央宫掖庭,终被起义军杀死。未央宫遭到大火的焚烧,此后日渐衰微。

数百年后,唐朝诗人李白来到未央宫,望着咸阳古道,西风残阙,写下《忆秦娥》:"箫声咽,秦娥梦断秦楼月。秦楼月,年年柳色,灞陵伤别。乐游原上清秋节,咸阳古道音尘绝。音尘绝,西风残照,汉家陵阙。"

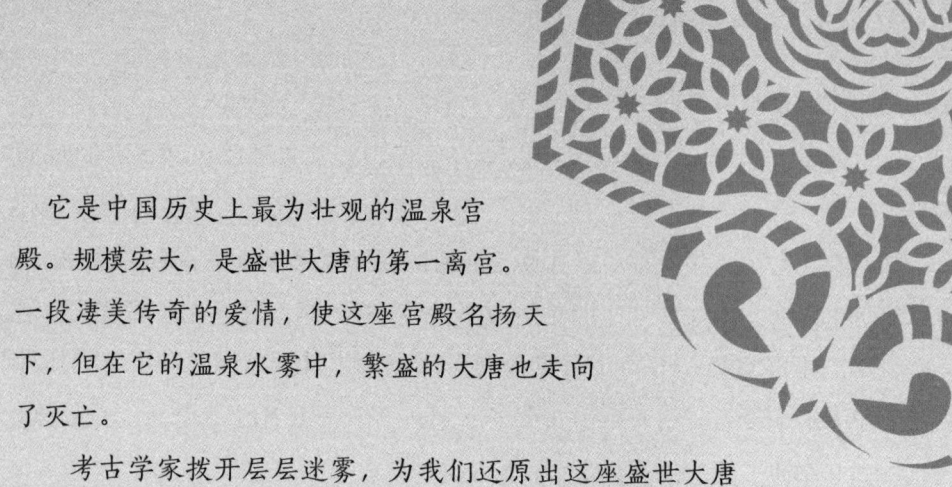

它是中国历史上最为壮观的温泉宫殿。规模宏大,是盛世大唐的第一离宫。一段凄美传奇的爱情,使这座宫殿名扬天下,但在它的温泉水雾中,繁盛的大唐也走向了灭亡。

考古学家拨开层层迷雾,为我们还原出这座盛世大唐的恢宏杰作——华清宫。

华清宫

在陕西省西安市以东约30千米的临潼区,有一座风景秀丽的骊山,在它的脚下,便是闻名中外的旅游景区——华清池。它是在唐华清池的遗址上复原而成的建筑。

在1000多年前的盛唐时期,这里曾经矗立着一座规模宏大、华丽壮观的温泉宫殿。它的占地多达100多万平方米,是明清故宫的2倍还多。史书上形容它巧夺天工,美轮美奂,是一座人间的仙宫!

可惜的是,这样一座盛世大唐的恢宏杰作,却随着历史慢慢消失了……

千年前的大唐华清池到底是一座什么样的温泉宫殿呢?

一、华清宫殿郁嵯峨

1982年4月的一天,人们在骊山脚下基建施工时,意外地挖出了一些古建筑遗迹,看样子像是洗澡用的池子。经过陕西省文物局专家考证,认为这是唐朝华清宫的建筑遗存。随后以骆希哲为首的考古队成立,开始在这里考古挖掘。

就这样,这座中国最为壮观的温泉宫殿,在消失了1000多年后,终于重现在世人面前。

首先挖掘出的是一座汤池遗址。考古专家发现,它的形状极其特殊,不仅如此,池壁结构也十分特别,有的地方突出,有的地方凹进。

唐朝设计者为什么要把一个洗澡用的汤池,设计成这种奇怪的形状呢?

专家说:"南侧池壁像凸出的马面一样,北侧池壁像流畅的自然河流一样,由此可以推测出,当时工匠在设计的时候,南面池壁的形状象征着骊山的形状,北面因为离渭河比较近,取的是渭河自然流畅的形状。"

可是,既然南面象征着骊山,又为什么要设计成马面的形状呢?

专家解释:"因为南侧汤殿里有立柱的设计,为了把柱子保护起来,所以就用石头砌出了形似马面的形状。"

这个汤池的形状如此奇特,它是供谁使用的?又是谁修建的呢?

考古专家在现场发现了一些刻有工匠名字的条砖,这种条砖是初唐时期才有的一种建筑材料。根据出土的瓦当、方砖、柱础、管道等遗物,以及史料记载的汤池形状,专家判断,这是唐太宗李世民专用的汤池。

唐太宗是我国历史上一位杰出的帝王,他统治时期的大唐,社会安定,经济繁荣,历史上称为"贞观之治"。贞观十八年,即644年,李世民下令,在骊山上修建一个供自己沐浴的汤池。汤池修建不久后,李世民率领文武百官前来游幸,并亲笔御书《温泉铭》,颂扬骊山温泉,同时还命

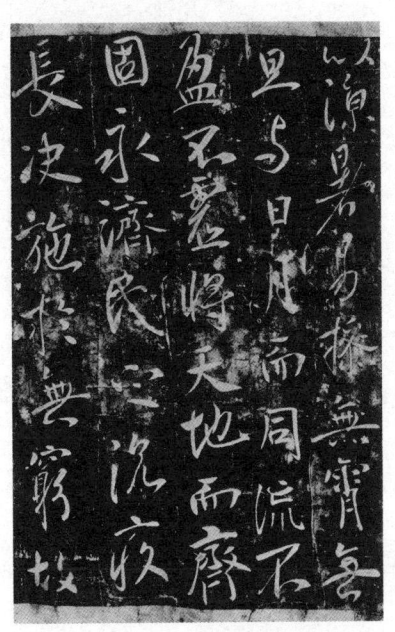

▲ 唐太宗温泉铭

令石匠制碑拓印，以示群臣。

《温泉铭》中说："朕以忧劳积虑，风疾屡婴，每濯患于斯源，不移时而获损。"原来唐太宗李世民"玄武门兵变"成功，君临天下，而常年的征战也使他患上了风湿病，正是中草药的治疗，加上骊山温泉的温暖浸泡，治愈了他的风疾。所以李世民才不惜以帝王之尊，亲自为温泉立铭宣传。

那么，唐太宗李世民是不是最早在骊山修建温泉汤池的人呢？

随着考古的进行，专家们在唐华清池遗址的下面发现了商周时期的陶质水管道，秦汉时期的木门、管道、瓦当等建筑遗存。在考证了大量的史料后，专家认为，唐太宗李世民并不是最早在骊山建造汤池的人。

温泉宫殿早在周幽王时期就已经存在了。周幽王喜爱骊山秀美的风光和天然温泉，以及距离都城长安仅30千米的优越位置，便在此修建了骊宫。后来的秦朝、汉到直到唐朝，几代天子都将这块风水宝地作为行宫别苑，不断扩建。唐太宗李世民就是在前人的基础上修建了汤池，并赐名为"御汤"，又给重新翻修好的宫殿起名为"汤泉宫"。

然而，唐太宗修建的"汤泉宫"并非历史上最恢宏的时期。骊山上的温泉宫殿，达到历史上最为宏伟辉煌的鼎盛时期，是因为一位传奇皇帝——唐玄宗的出现。

▲ 唐玄宗

二、玉莲开蕊暖泉香

唐玄宗李隆基，是唐朝的第7代皇帝。

年仅28岁的李隆基靠宫廷政变登上了皇帝宝座。上承贞观之治，又经过武则天57年的耕耘，到了开元年间，玄宗统治时期的盛唐，国家基础雄厚，民富国安。前来朝拜的外夷藩邦之国，络绎不绝。经济已经远远超过了同一时期的拜占庭帝国以及阿拉伯帝国。这一时期被史学家认为是继汉武帝之后，中国历史上出现的第二次鼎盛时期，史称"开元盛世"。

在这样的太平盛世下，唐玄宗有的是财力和时间。于是他开始花费巨资，对大明宫、兴庆宫等建筑大规模营建和葺修。面对一片太平富足的景象，玄宗也更加安逸享乐的生活。先皇留下的避寒胜地骊山行宫，风景秀丽，温泉千古涌流，不盈不虚，玄宗开始频繁游幸。

每年10月，唐玄宗都要偕杨贵妃和朝廷百官、家眷来骊山过冬沐浴，在此赏景，尽情作乐。直到第二年春天，才返回京师长安。随着游幸队伍日渐庞大，停留享乐的时间加长，原来的行宫已经远远不能满足唐玄宗的要求。

于是，天宝元年，即742年，唐玄宗下诏花费巨资，大兴土木，大规模扩建骊山行宫。

工程根据骊山的自然山势，在以前温泉宫的基础上进行扩建。

▲ 骊山

主要殿舍以温泉总源所在地——唐太宗的汤池为中心，构成宫殿群的核心，分别向山上、山下四面展开，布设亭台殿阁，栽植青松翠柏，构成一个庞大的宫殿建筑群。如此一来，既合理地利用了温泉，又体现了皇宫的严谨布局，可谓构思新颖、独具匠心。

远远望去，骊山行宫规模宏大，壮丽无比，楼台宫殿遍布骊山上下。

白居易在《骊宫高》一诗中形容："高高骊山上有宫，朱楼紫殿三四重。"妖娆万分，恍似人间天堂。

历史文献中有一段关于唐华清宫的精彩描述是这样说的："其时汤井殊名，殿阁异制，园林洞壑之美，殆非人境。"

专家们认为,这段话比较切合华清宫的实际。因为华清宫在山下楼台殿阁密布,而且有些殿宇建筑非常高大宏伟,这些建筑在唐朝达到了鼎盛时期。唐朝的著名诗人杜牧在形容华清宫的诗中也曾写道:"长安回望绣成堆,山顶千门次第开",和前面的说法都是比较符合实际的。

唐玄宗生前非常笃信道教,一直希望能够得道成仙,长生不老。因此在天宝六年,即747年,新宫落成之后,唐玄宗便取道教经书中的"华清宫"能使人得道成仙之意,将骊山宫殿正式定名为"华清宫"。又因为宫殿坐落在温泉汤池上,所以也称为"华清池"。

此时的华清宫达到了历史上的鼎盛时期,规模宏大,富丽堂皇,可与兴庆宫和大明宫相媲美。

唐玄宗的这次扩建,不仅在以前的基础上增设了很多殿宇金屋,广种名花贵草,更重要的是增建了多个汤池。他在这里为自己修建了莲花汤,为杨贵妃修建了海棠汤,还为近臣、歌妓等不同身份的人也修建了不同的汤池。

而唐太宗李世民曾经用过的"御汤",也被唐玄宗改名为了"星辰汤"。

▲ 唐华清宫御汤遗址鸟瞰

▲ 御汤遗址

专家说:"改名的初衷是因为这个汤池的整体造型,从平面上看就像北斗七星一样。"

　　北斗七星在中国古代具有特殊的意义，普遍认为它能主宰天宫和人世间的万事万物，北斗七星的变化影响着人世间的政治、经济等方方面面的发展。在古代，许多帝王相信，要想自己的王朝得以长治久安，就必须要和天象保持一致。唐玄宗之所以给这里取名星辰汤，其目的就是希望政通人和，江山永固。

　　星辰汤出土以前，人们只能从史料中知道华清池的建筑布局及规模。可以说，星辰汤的出土为专家们提供了真实可靠的考古依据。

　　不久以后，在星辰汤的北面约20多米的地方，考古专家又发现了一个汤

▲ 龙纹瓦当　　▲ 柱础　　▲ 筒瓦

▲ 莲花方砖　　▲ 水道

▲ 手印砖

▲ 记名砖

池遗址。在这处遗址里出土的文物包括天宝年间的铜钱、带字的板瓦和三彩套兽，此外，还有带有手印的条砖，据考证，这种条砖是唐玄宗天宝年间使用的一种建筑材料。根据宋朝游师雄在《长安志图》中所画的位置，结合汤池造型及出土文物，专家判断这个是唐玄宗沐浴的莲花汤。

专家解释："做出这个推断的主要依据是汤池的造型。它的造型是一个两层台结构，上层平面是一个莲花的形状，下层是一个八边形的形状。此外，汤池的南面有2个出水口，造型也非常特殊。出水口有一个凸出来，像卯榫一样的设计，据判断，原来这上面应该有类似莲花的出水口。"

这样的形状以及不同的出土文物，再加上汤池的巨大规模，突出反映了皇权至高无上的地位。可以说，这个汤池和唐玄宗的身份是相符的。

《长安志》：北宋熙宁九年（1076）宋敏求撰，共20卷。是中国现存最早的古都志。

根据文献记载和出土文物等诸多因素的结合，以及宋朝游师雄《长安志图》上所绘的唐华清宫图所处的位置判断，专家们确定此处为莲花汤，是唐玄宗沐浴的汤池。

莲花汤东西长10.6米，南北宽6米。上下两层台阶，造型奇特。上平面的四角有一定的曲线变化，形状类似莲花，而下平面则是规则的八边形。

唐玄宗沐浴的汤池为什么会设计成这种形状呢？

原来唐玄宗是个狂热的道教徒，下平面的八边形代表着大地的8个方位，他把具有道教寓意的莲花设计在大地八极之上，就是希望通过沐浴能与天地相连，在清泉、莲花的护佑下，延年益寿、长生不老。

三、回眸一笑百媚生

在莲花汤的西边约3米的地方，不久后又有了一个惊人的发现。这里又出土了一个汤池遗址。

它用青石砌成，造型别致，形似一朵盛开的海棠花。这个汤池东西长3.6米，南北宽2.9米，大约有唐玄宗莲花汤的六分之一大。这说明这个汤池的主人等级地位一定比玄宗要低。专家判断，这是杨贵妃沐浴的海棠汤。

专家称："我们做出这个判断的依据主要有4个。第一，海棠汤和莲花汤的距离非常近，几乎是挨着的，这样的距离说明了两个汤池沐浴的主人关系非同一般；第二，这个汤池的造型非常别致，平面像一朵盛开的海棠花，中间的部分从结构来看，应该还有一个形似花蕊的设计，水就从花蕊里面流出来；第三，我们在汤池的墙里发现了一块沙石，上面刻有一个

▲ 海棠汤遗址

'杨'字，应该是当年工匠修建时直接刻上去的；第四，两个汤池相互间的位置和天上的星象也是相吻合的，天上妃子星的位置就在帝星的西北方向，所以说这个设计也是上和天象。"

发现了中国四大美女之一的杨玉环沐浴用的汤池，这的确令人非常兴奋！

唐朝诗人白居易在《长恨歌》中曾写到，"回眸一笑百媚生，六宫粉黛无颜色。春寒赐浴华清池，温泉水滑洗凝脂。"

杨玉环不仅长得丰腴美艳，具有闭月羞花之貌，而且肌肤白皙柔滑，据说，这与她长期泡汤沐浴大有关系。

据说杨贵妃沐浴时，常把鲜花、草药，还有一种从西域进口的香料瑞脑龙香，一起放入水中，这些东西能够镇静神经，消除各种难闻气味，并且三天之内使身体香气不散。同时泉水中的硫磺等矿物质还可以祛除邪气，免除疫病，皮肤也会变得润滑无比。

杨贵妃就是在这个海棠汤中沐浴了十多个春秋。

在众多的王妃中，只为杨玉环一个人修建汤池，由此可以看出杨贵妃的

地位非比寻常。正如白居易的《长恨歌》中所说:"后宫佳丽三千人,三千宠爱在一身。"

杨贵妃究竟是何许人?她又是如何走入唐玄宗的视野?为什么在成千上万的后宫佳丽中,唐玄宗只宠爱杨贵妃一人呢?

杨贵妃名叫杨玉环,史书称她不仅具有倾城之色,而且天资聪颖,歌舞俱佳,通晓音律。

735年,杨玉环成了唐玄宗之子——寿王李瑁的王妃,也就是唐玄宗的儿媳。

737年,正值开元盛世,国泰民安,可是就在这一年,唐玄宗深爱的武惠妃却病逝了。后宫佳丽三千,再也找不到一个可以排忧解难的人,内心深处的孤独使玄宗终日愁眉不展,郁郁寡欢,身体和国家大事都受到了极大的影响。这情形愁坏了宦官高力士。

于是高力士暗搜宫外,终于发现了通音律、善歌舞的杨玉环。

在高力士的刻意安排下,唐玄宗在华清宫第一次召见了杨玉环。已近暮年的唐玄宗当场被杨玉环的美貌与智慧,歌舞及性情深深地打动了。于是玄宗不顾"父夺子妻"的尴尬,先安排杨玉环入宫当女道士作为过渡,随即于745年,册封她为贵妃。

唐玄宗对杨贵妃万般宠爱,甚至于两人终日厮守,置其他嫔妃于不顾。在扩建华清宫时,唐玄宗还专门为杨贵妃修建了海棠汤。杨贵妃专宠后宫,在她之上,再无皇后,她的地位做到了后宫极致。

后世认为,杨贵妃之所以能够得到唐玄宗的百般宠爱,有很多她自身的特点。首先,两个人有共同的宗教信仰,都是信奉道教;第二,杨贵妃美貌绝伦,这在史书上是有明确记载的;第三,两个人都喜爱音乐。杨贵妃聪明伶俐,能歌善舞,她曾经当仁不让地说过一句话,她的《霓裳羽衣曲》可以一掩前古,也就是前无古人后无来者的意思。唐玄宗自己能够作曲,还会击鼓吹笛,被后世称为梨园鼻祖。

四、至今唯有温泉水

挖掘出唐太宗的星辰汤、唐玄宗的莲花汤、杨贵妃的海棠汤后不久，根据宋朝游师雄在《长安志图》中所绘的位置，考古专家又陆续发掘清理出了几个形制各异的汤池。其中有供官员沐浴的尚食汤，梨园弟子沐浴的小汤，宜春汤，太子汤等9个汤池。在这些汤池附近，还挖掘出土了一些陶质水管道。专家们由此判断，汤池之间由陶质水管道相连，形成完整的供、排水系统。

现场专家说："通过考古发掘，我们发现各个汤池都有专门的供水系统，沐浴的时候先把排水孔堵上，水面就会很快上升。我们曾经做过一个实验，把排水孔堵上以后，由于地下压力增大，水面会一直升高上去。所以说，当年古人用温泉沐浴的时候，都是先通过管道将水送到汤池里，然后堵上排水孔，这样水面升高，到达一定高度后再沐浴。沐浴完以后，将排水孔打开，水就会自然排出。通过这个情况我们可以确定，唐朝华清宫各个汤池的供排水系统都是独立的，相互之间不会干扰，这样也可以避免在维修的时候互相影响。"

在星辰汤附近有2个温泉水源。1号源头流出的温泉水通过管道首先流入唐太宗的星辰汤，然后由星辰汤流入供六部官员沐浴的尚食汤，再由尚食汤流入宜春汤、小汤等汤池。2号源头流出的温泉通过管道流入唐玄宗的莲花汤，再由莲花汤流入杨贵妃的海棠汤。

对于温泉水流经各汤池的先后顺序，唐玄宗是仔细斟酌过的。这种设计一方面符合等级礼制，另一方面考虑到"星辰汤"曾为先皇御用，不便另作他用，更不能拆除。将温泉水先从源头引入星辰汤，再从星辰汤流到其他汤池，暗寓了皇恩雨露遍赐众生，表达了唐玄宗企图利用先皇的威望进一步巩固皇权，希望沐浴的人要为大唐王朝的社稷效忠的想法。

9个汤池的陆续出土，为研究华清宫提供了真实可靠的依据，极大地增强了人们的信心。同时，如此数量众多的汤池的修建，也印证了华清宫确实如史料所说，在唐玄宗时期达到了鼎盛。

不过据史料记载，唐华清宫是以这几个汤池为中心，向四方展开的一个庞大的宫殿建筑群，那么除了这几个汤池外，其他的建筑又在哪里呢？唐华清宫这座中国历史上最为壮观的温泉宫殿，随着考古发掘的深入，能否再次展露出它的容颜？

五、夜夜笙歌梨园人

1982年，考古专家在陕西省临潼区骊山脚下，发现了唐华清宫的建筑遗址，之后陆续清理出了9个形状各异的汤池。

随着考古工作的进行，在莲花汤、海棠汤北面约110米的地方，考古人员又挖掘出土了一处遗址。与之前发现的几处汤池遗址不同的是，这处遗址的形制不像汤池，更像是一座院子。

现场考古人员说："它看起来好像是一座院子，而且是前后各有一个院子，中间有一些像小房子的建筑，还带着回廊。从它出土的形制来看，我们认为它不是作为宫殿使用的。"

在这里还出土了一些人物造像、建筑上用的活页、挂钩等饰件，此外还出土了一个带有弦纹的骨器。专家推测，这个骨器很有可能是当时乐器上的物品。查阅史料后专家发现，这个遗址的位置，与宋朝游师雄在《长安志图》中所画的唐华清宫梨园位置惊人的相似。

史书中还记载说，在梨园附近还有一个小汤，而考古人员的确也在考古发掘现场发现了一个小汤池。根据这些情况专家确定，这里就是唐华清宫梨园遗址。

梨园就是唐玄宗和杨贵妃带领梨园弟子们排练曲目，唱歌跳舞的场所。

唐玄宗熟悉音律，对曲乐、舞蹈都颇有研究。唐玄宗曾组建过"宫廷乐队"，选拔子弟300人，这些梨园弟子由玄宗亲自训练指导，在梨园内练习歌舞。

因此《新唐书》中这样写道:"玄宗既知音律,又酷爱法曲,选坐部伎子弟三百教于梨园,声有误者,帝必觉而正之,号'皇帝梨园弟子'。"

而集三千宠爱于一身的杨贵妃与唐玄宗一样,也酷爱音乐和舞蹈。

> **《新唐书》**:北宋宋祁、欧阳修等撰,宋仁宗嘉祐五年(1060)全书完成。是记载中国唐朝历史的纪传体史书。全书共225卷,包括本纪10卷,志50卷,表15卷,列传150卷。

玄宗曾经有一次倡议,用大唐的乐器配合西域传来的乐器和歌舞开一场演奏会,杨玉环积极应和。据史载,当时的情形是唐玄宗击鼓,杨玉环怀抱琵琶,梨园弟子们轻歌曼舞,昼夜不息。

唐玄宗精通各种乐器,能谱写词曲,著名的词曲《雨霖铃》《霓裳羽衣曲》《紫云回》《凌波曲》都是出自其手,至今流传。

在中国历史上,像唐玄宗这样酷爱音乐、具有极强音乐天赋和才能的皇帝,可以说是独一无二!

在考古发掘工作进行的同时,专家还研究查阅了大量的史料。在翻阅史料时考古专家发现,海棠汤和梨园之间还有一座飞霜殿。

据史书记载,飞霜殿是唐玄宗和杨贵妃的寝殿。

骊山风景秀丽,温泉水暖滑润,原先唐玄宗游华清宫一般是冬天,大约待半个月,但自从有了杨玉环的陪伴,唐玄宗游幸华清宫的次数越来越多,停留的时间也越来越长,有时竟达3个多月。在这期间,唐玄宗与杨玉环就居住在飞霜殿内。

关于文献记载唐玄宗和杨贵妃的寝殿叫作飞霜殿的说法,史学界还有过一次争论。有的学者认为应该是长生殿,还有的学者认为是飞霜殿。据现场专家说:"根据我们进行的考证,唐玄宗和杨贵妃的寝殿应该叫飞霜殿,长生殿是唐玄宗和杨贵妃在骊山上祭祀老君和祭天时候的斋殿。"

唐朝诗人白居易在《长恨歌》中有一句著名的诗句:"七月七日长生殿,夜半无人私语时。在天愿作比翼鸟,在地愿为连理枝。"说的就是在751年7月7日,唐玄宗和杨贵妃在骊山长生殿对天盟誓的故事。

唐玄宗和杨贵妃真的是在长生殿里盟誓的吗?这座著名的长生殿又在

哪里？

据《长安志图》《临潼县志》《贾氏谈录》等史书记载，长生殿应该就在骊山上，然而考古专家在那里却没有发现长生殿遗址。

现场专家说："现代考古中没有发现长生殿的位置，但是长生殿旁边的集灵台已经找到了。集灵台是唐玄宗在骊山祭天时的所在，相当于唐朝长安城里的天坛，都是祭天用的。到了唐玄宗晚年，他和杨贵妃已经感觉到人之将老是不可抗拒的自然规律，但是他们由于信奉道教，希望长生不老，所以两个人希望来生能够再做夫妻，所以就在集灵台上对天盟誓，而不是在长生殿里对天盟誓。"

六、行云不下朝元阁

长生殿遗址虽然没有被发现，但是在骊山集灵台北边20米的地方，考古专家却发掘到一些建筑遗存及出土文物。根据史书记载的情况，专家推测这是一座名叫朝元阁的建筑。

这座建筑东西长约90米，南北逾40米。文献记载，朝元阁在骊山第三峰的北端，"基础最为堑绝"，这与考古发现完全吻合。

为了进一步研究朝元阁的情况，考古专家结合考古挖掘和史料记载，复原出了朝元阁建筑图。

由于木结构建筑不易保存，留存至今的唐朝木结构建筑只有2座，都在山

▲《狩猎出行图》

西五台山。佛光寺大殿是其中一座，建于857年。这座古建筑的屋顶坡度舒缓，屋檐明显比明清建筑长了很多，为了支撑宽大前伸的屋檐，加大梁枋的承受力，古代工匠用零碎小块木料，拼合成复杂的构件，叫作斗拱。这一切

▲ 唐长安城出土的彩绘俑

唐长安城出土的云纹透雕五足银薰炉 ▶

组成了中国唐朝建筑的经典形象。朝元阁就是根据这些唐朝建筑的特点复原而成的。

史书中记载了文人墨客对朝元阁的大量描述，说朝元阁非常高大，甚至可以和昆仑山相比。古人的形容虽然有夸张的成分，但足以想见当年这座建筑的壮观。

不久以后，在朝元阁以南约300米的地方，考古专家又有了新的发现。这里出土了一些造像残块、鎏金铜花叶、兽面砖，还有一尊193厘米高的汉白玉老君像。

宋敏秋在《长安志》中记载：老君殿在"朝元阁之南，玉石为老君像，制作精绝"。根据现场考古挖掘，再结合研究史料，考古专家确定，这里就是老君殿遗址。

经过考古发掘，考古人员发现这是一座完整的四合院式建筑，东西长约37米，南北约60米，面积达2200平方米。中间有一个主大殿，前面有2个亭台，功用与后世的钟鼓楼相同。建筑四周有回廊。通过这些特点，专家们确定这是一个庙宇建筑，因为中国古代在建筑上是有严格规定的，带有回廊的叫作庙。

翻阅《资治通鉴》《新唐书》《旧唐书》等典籍，专家发现，老君殿和朝元阁的诞生有着极其复杂的政治背景，更有唐玄宗秘不示人的隐私。

一方面，唐玄宗李隆基为了加强统治，以自己姓李为由，自诩为道教创始人老子李耳的后裔，在全国很多地方建立老君殿，修老君像，崇道抑佛。实则暗示天下，李氏王朝是君权神授，不要有叛逆企图。

另一方面，玄宗笃信道教，梦寐以求想得道成仙，长生不老。因此便修建了朝元阁和老君殿。

考古发掘证明，老君殿和朝元阁之间由300米长的回廊连接，使两组建筑融为一体，组成了规模宏大、布局合理的道教建筑群。

朝元阁和老君殿是目前我国发掘出土的最为完整的、唐朝等级最高的皇家内道场。

七、山顶千门次第开

　　唐华清宫的考古挖掘工作持续了 14 年。专家们在山下发现了 9 个汤池遗址和梨园遗址，在山上发现了集灵台、朝元阁、老君殿遗址，这些遗址的位置、形制与史料记载的情况完全吻合。在深入细致地研究了大量的史料之后，唐华清宫的整体规模终于重现世人面前。

　　唐华清宫由骊山禁苑、皇宫、昭应县城三部分组成。坐南朝北，背靠骊山，面向渭河。总面积 100 多万平方米，是故宫的 2 倍多。所有宫殿建筑均部署在缭墙内，栉比鳞次，错落有序。

　　昭应县城即今天的临潼区。位于皇宫之北，为居民区和商业区。来华清宫游幸的官员们都居住在这里。

　　出昭应县城南门是望仙桥，因唐玄宗企慕神仙而得名。桥南东西两边是平坦宽阔的大广场。广场将皇宫和居民区分开，加强了宫阙安全，同时也可以阅兵演武。场南并排依次建有左、右讲武殿。讲武殿南的左、右朝堂，是百官上朝商讨国家大事和等候皇帝召见的地方。

　　宫城有四门：北为津阳门，南为昭阳门，东为开阳门，西为望京门。宫内分东、中、西三区，以隔墙分开。

　　东区是唐玄宗和后妃沐浴、休息、宴饮娱乐的地方，有歌舞音乐场所——梨园，唐玄宗和杨贵妃的寝殿——飞霜殿，以及莲花汤、海棠汤。

　　中区有皇帝处理朝政的前、后大殿。以及太子、官员等沐浴的汤池。

　　西区建筑与玄宗希望得道成仙有关，有祈求得到长生不老药而修建的果老药堂，供奉历代祖宗的十圣殿，供奉神仙、修身养性的功德院等。

　　宫城东部为宫中游乐场，西部是珍禽异兽院和花园。

　　骊山上上下下，建满了宫殿亭台，著名的有长生殿、朝元阁、老君殿等。"长安回望绣成堆，山顶千门次第开"，台殿环列，难以胜数。

　　据现存残缺的史籍统计，唐玄宗在位 45 年间，游幸华清宫达 44 次。每次游幸百官随侍，处理朝政、商议国事、接见外使都要在这里进行，华清宫逐渐成为当时的政治、经济中心。

　　唐玄宗不但在这里进行重大的国事活动，也经常在这里举行各种各样的游宴活动，过着骄奢淫逸的生活。唐玄宗经常在这里搞斗鸡比赛。文献上记载唐玄宗有一个小斗鸡友名叫贾昌，他每次带上400多只鸡来这里表演斗鸡。

　　唐玄宗还喜欢舞马，他在后宫里面驯养了400多匹能舞善蹈的马。据说，这些马的待遇非常高，穿的是各地进贡的上等丝绸制作的华丽衣服，经过专门的培训后，表演各种各样的舞蹈，而舞蹈的最后往往是舞马口衔金杯，跪到唐玄宗的面前向他祝寿。

　　由此可想而知，1000多年前的唐玄宗为了享乐，是怎样利用至高无上的权力，达到了极其奢侈的地步。

八、三中乱拍禄山舞

　　然而，这座在唐玄宗统治时期最为鼎盛的华清宫，为什么最终却消失了呢？

　　原来，自从有了杨玉环的陪伴，在华清宫的温泉水雾中，太平盛世下，缔造开元盛世的唐玄宗开始厌倦权力，越来越疏于朝政，迷恋在华清宫奢靡享乐的生活。

　　就在这时，一个叫安禄山的人来到了华清宫。

　　安禄山不仅擅长舞蹈，而且乖巧圆滑，他经常利用各种机会，极力讨好玄宗和贵妃，很快就取得了唐玄宗的信任。

　　750年，安禄山被封为东平郡王。在大唐历史上，非皇室血统而封王，极其罕见。仅仅几年时间，安禄山就成为大唐最有权势的封疆大吏。

　　然而唐玄宗却万万没有想到，这个自己信任的干儿子，竟然会给繁盛的大唐带来意想不到的命运。

　　755年10月，正当唐玄宗和杨贵妃在华清宫内缓歌曼舞，纵情享乐之时，手握天下劲兵的安禄山发动兵变，烽烟四起，唐军节节败退，潼关失守！沉迷于酒色歌舞之中的唐玄宗仓皇出逃四川。

途经马嵬坡，皇帝的扈从部队发动兵变，迫使唐玄宗下令缢死杨贵妃，这就是历史上著名的马嵬坡兵变。

在马嵬坡杀死杨玉环后，唐玄宗流离到巴山蜀水，只有少量扈从跟随。此后，太子李亨即位，指挥全国，平息叛乱，将玄宗尊为太上皇。

757 年 12 月，长安光复后，唐玄宗从蜀中回到了京师。

第二年 10 月，由于百般怀念杨玉环，唐玄宗重新回到了华清宫。然而这里已经是人去楼空，再也不见往日的繁华。看着眼前这座破败的宫殿，回想起当年与杨贵妃天天形影不离，在这里过着神仙般的日子，如今却只剩下自己一个人孤孤单单，苟且渡过余生，一代老皇帝不由得潸然泪下，肝肠寸断。

一代本可以创立丰功伟绩的帝王，一个太平盛世的国家，在华清池的温泉水雾、歌舞升平中，就这样消失殆尽了。

回到京师后，玄宗因烦闷生了重病。762 年，唐玄宗李隆基在屈辱、悔恨和思念之中，孤独地离开人世。那一年，他 78 岁。

763 年，持续 8 年之久的"安史之乱"也落下了帷幕。

安史之乱使唐玄宗从盛世的顶峰跌落下来，大唐帝国歌舞升平的景象，一夜之间消失得无影无踪。

一个空前的盛世结束了，曾经的繁华一去不复返。大唐王朝从此日薄西山，在风雨中飘摇。

那么，唐华清宫到底是不是在安史之乱的战火中被焚毁殆尽了呢？

翻阅新、旧唐书和《资治通鉴》《临潼县志》等文献，都没有安禄山进军或撤离长安时，将华清宫付之一炬的记载。这是史家的纰漏？还是安禄山并未作恶烧毁华清宫呢？中国这座最为壮观的温泉宫殿究竟毁于何时？

专家说："关于华清宫是怎样被毁坏的，一般是认为华清宫毁于安史之乱。实际上这种说法是没有依据的，潼关失守之后，安禄山进驻长安这一段时间没有发生过军事抵抗，所以安禄山没有必要去毁坏华清宫。同时文献记载，在安史之乱之后，唐朝敬宗、穆宗，包括宣宗都想来华清宫游幸，这也说明了华清宫并非毁于安史之乱。"

　　李好文在《长安志图》中记载"禄山乱后，天子游幸益鲜，唐末遂废"，说明华清宫在安史之乱后还有过游幸，只不过"安史之乱"之后，唐王朝江河日下，国势日衰，华清宫由于背上了祸国殃民的罪名，而声名狼藉，被世人唾弃不齿，在此后的数百年里，再也没有帝王在那里修建过离宫别苑。唐华清宫再也不见往日的恢宏。

　　唐朝之后，五代时期曾对唐华清宫进行过一次修建；到了宋朝，又将华清宫改名为灵泉观，进行过修整；元朝的时候也进行过修葺，以后的明朝、清朝，以及民国时期，也都进行过修建。

　　虽然在五代、宋、元、明、清等时期，对华清宫有过局部的修葺，但是由于政治、经济中心东移，华清宫再也没有达到唐时期华清宫的辉煌盛况。经过多年风雨侵蚀，烈日暴晒，大多数建筑年久失修，山上泥土冲积掩埋。中国历史上最为恢宏的皇家温泉宫殿，就这样慢慢荒废，消失在历史的风烟中。

　　华清宫，这座充满了浪漫和传奇色彩的宫殿，它代表了大唐盛世的奢华与荣耀，见证了唐王朝一步步走向衰亡的风雨足迹。

　　只有繁盛的大唐才有能力建造出这样一座气势磅礴、宏伟壮观的宫殿建筑，而华清宫这座中国历史上最恢宏的温泉宫殿，也作为盛世大唐的一个符号，伴随着盛唐的历史，成为永不消失的记忆！

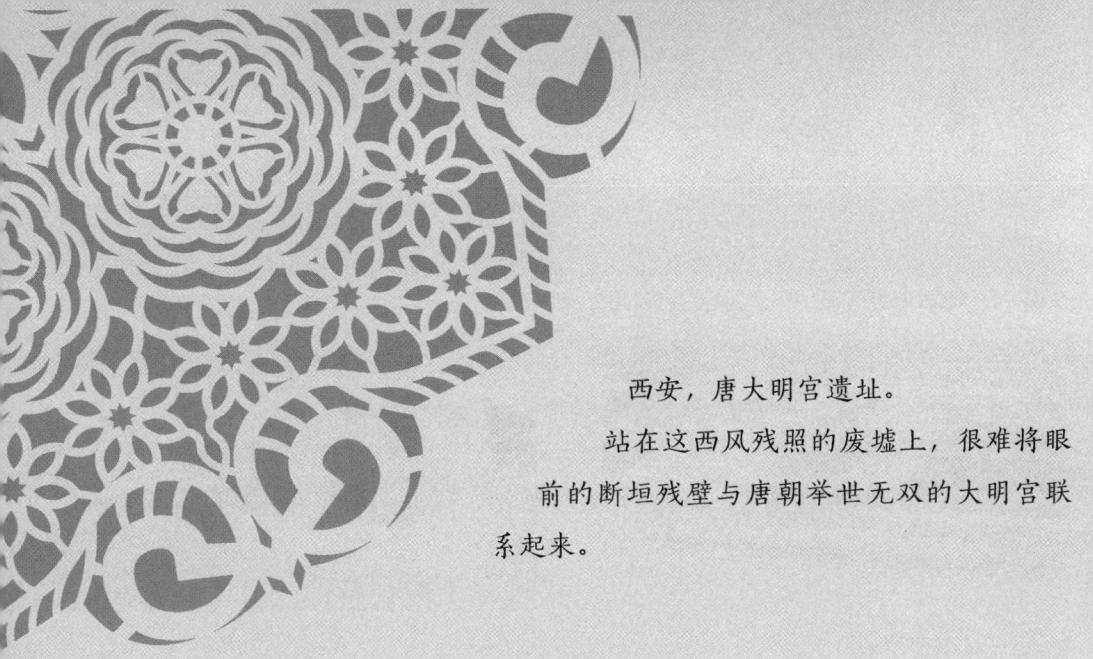

西安，唐大明宫遗址。

站在这西风残照的废墟上，很难将眼前的断垣残壁与唐朝举世无双的大明宫联系起来。

大明宫

这座中国建筑史上的巅峰之作究竟是何等模样？曾经气吞霄汉、傲立世界东方的皇宫又是如何消于无形的呢？历史如同这片沉睡千年的废墟，期盼着世人揭开它尘封的灰烬，去触摸其中的余温，感知那千年前的爱恨和恩怨。

一、内忧外患

660年的一天，唐朝声名显赫的宫廷画家阎立本接到一道紧急诏令。召见阎立本的，是当今炙手可热的武皇后。

武后意欲修建一座新的宫殿，她希望阎立本亲自来做新宫殿的设计师。于是，在太极宫里的紫微宫，一项空前绝后的工程构想展开了蓝图。

在此期间，武后多次将目光投向龙首原上一座停建了30年的建筑。这就是大明宫。

关于大明宫的修建缘起，据《旧唐书》记载，时任监察御史的马周上书李世民，为太上皇李渊修建一座新的宫殿，以彰显孝心。原文这

阎立本： 阎立本（约601—673），中国唐朝画家兼工程学家。代表作品有《步辇图》《古帝王图》《职贡图》等。

▲ 唐初期的太极宫

▲ 唐朝大明宫遗址

样写道："臣愿营筑雉堞，修起门楼，务从高显，以称万方之望，则大孝昭乎天下。"

大明宫初建于唐太宗贞观年间，是李世民为父亲李渊修建的夏宫，也就是避暑用的宫殿。然而，宫殿尚未建成，李渊就在下旨修建的第二年5月驾崩，夏宫的营建工程也就此停止。

30年后的太极宫中，每天处理完政务之后，武后必须要面对的，就是丈夫李治的病。李治不仅宠爱她，还懂得欣赏她的才能。在男权主宰的封建王朝，李治却公然将朝政大权交给她掌管。

由于高宗久病不愈，他曾经在仪凤二年下诏表示要逊位。他对群臣说道："我不愿意当皇帝了，我的这个帝位，第一不交给我的儿子，第二也不交给我的众臣，我要交给我的夫人、我的皇后。"当时朝野一片哗然。

那时候，李治住在太极宫内。太极宫的低凹潮湿，让他的风疾日益加重，不仅视力微弱，双腿也常年疼痛。据太医说，居住到地势高敞、阳气旺盛的地方将有利于皇帝的病情。长安城里，地势最高的地方莫过于太极宫后苑东北部的龙首原。

于是，武后命阎立本设计新的宫殿，并寄希望于新宫殿能帮助丈夫缓解痛苦。

武后自己也急于离开太极宫。这座狭小的宫殿对于她来说，盛放着太多血腥而又痛苦的回忆。

为了生存，更为了权利，武媚娘在太极宫杀死了王皇后和萧淑妃这两大劲敌，也杀死了自己的亲生女儿。这些，都成为她在披荆斩棘成为皇后之后，挥之不去的黑色梦魇。

也许，远离太极宫，才可以远离噩梦。于是，在皇后的操持下，那座于贞观九年停建的大明宫宫殿，在662年又开始继续修建。

663年5月，工程尚未完全竣工之际，皇后和皇帝便急不可待地迁居大明宫。

随着大明宫的修建，唐朝沿袭使用的隋朝宫殿被取代。按照方位，大明宫被称为东内，太极宫则从此被人们习惯称为西内。

1959年冬，中国科学院考古研究所的马得志等专家来到龙首原唐城遗址上进行发掘。

根据元李好文的《长安志图》所示，唐大明宫所在地就在龙首原这一带。

而龙首原原址，如今已是一片荒芜的空地。地面上已基本看不出城址的范围和轮廓，很多地方被公路和房屋切断，只有残存的小部分宫墙依稀可辨。

马得志一行人经过9个月的全面发掘，终于有了一个重大的考古发现。

他们发现，这座已经荒弃的宫城，面积达3.3平方千米，而明清故宫的面积不足0.7平方千米，竟然是故宫的4.5倍。

根据这一阶段的发掘，马得志绘制成了第一张大明宫的测绘图。

从隋唐都城地形图上我们可以看到，太极宫居于郭城之中。全城以朱雀大街为中轴，东西呈对称布局。14条南北向大街和11条东西向大街，将外郭城分为108个坊和东市、西市。

太极宫地势低下，不利防变。而大明宫高踞长安之巅，北与终南山相连，易守难攻，进退有据。从这张地形图上，不难想象当时宫廷内外因政变和篡位的权利争斗随时存在。

武后缺乏安全感的担忧不是没有道理的。

就在入住大明宫一年之后的664年12月,高宗李治接到一个宦官的告密,举报武后频频召道士进入后宫,行"巫蛊""厌胜"之术。朝中官员对武后参政早有不满,也纷纷趁机进言另立皇后。高宗一气之下,令上官仪草诏皇后罪状,准备废后。

在这关键时刻,皇后通过自己的情报网及时得知了消息,立刻去见高宗。武后的突然出现,让高宗和受命拟诏废后的上官仪都异常尴尬。

当晚,在皇后的辅政功劳和似水柔情面前,高宗平息了一时的冲动,将责任推到上官仪身上。

然而,内忧尚未完全平息,外患又频频而起。

684年,传来徐敬业叛乱的消息。反对势力此消彼长,在接下来的687年,琅琊王李冲和越王李贞又先后起兵匡复唐室。

几十年来,危险和杀机时刻围绕着这个权倾朝野的女人。先是关陇贵族鄙视她低微的商贾出身,然后是李氏家族和那些前朝重臣不能容忍一个女人对朝政的专权。几乎所有人都反对她,欲置她于死地,包括她自己的儿子。

频繁的内忧外患刺激了皇后,除了在建筑上加强防卫功能,她感到有必要把权力抓得更牢一些。即便是对自己宠爱有加的丈夫,也不能给予她永久的安全感。自此,武皇后开始垂帘于前朝宫殿,直接掌管政事,以确保自己更有力量与任何潜在的危机抗衡。

二、首探含元殿

包围在重重宫墙之中的,就是武后权利中心的三大殿。

据《陕西通志》所载:"含元之北为宣政,宣政之北为紫宸,地每退北,辄又加高,至紫宸则极矣。"意思是说,含元殿、宣政殿、

▲ 唐朝大明宫含元殿遗址

紫宸殿三殿，依龙首原地势的起伏，南北相沓，三大殿象征了最高封建统治的中心地位。

考古专家说："中国人的观念中从来就有崇礼复古的概念，格局、体系、等级观念等，一脉相承，只是因为国力的问题、朝代的问题有所不同。像唐朝时期国力强盛，所以它的宫殿比后来明清时期的宫殿规模要大得多。"

由含元、宣政、紫宸组成的外朝、中朝、内朝格局沿袭了秦汉以来沿中轴对称的宫殿布局，同时又为后世的宫殿所效仿，北京紫禁城的太和、中和、保和三殿便是这种格局的体现。以此推测，含元殿就相当于故宫的太和殿。

那么，位于三殿之首的含元殿遗址究竟在哪里呢？

不久以后，规模更大、更全面的发掘在安家瑶的主持下开始了。20世纪90年代末，考古队终于探明了含元殿的框架结构。

仅存下来的遗址是一个长约200米，南北宽100米，高15米的巨大夯土台基，总面积27600平方米。根据探测，殿前有一个630米纵深的广场，它的存在更加烘托出含元殿的气势恢宏。

在含元殿遗址，考古人员发掘出一座方形石柱础。这个石柱础下面的方形部分，长和宽都是1.4米，高为0.52米；上部覆盆状的圆形部分是用来承载宫殿立柱的，直径为0.84米，与故宫太和殿的最大立柱直径相差无几。由此可以推断出，当年立在上面的柱子应该是巨型木材。

含元殿遗址上出土的这些文物，见证了这座宫殿曾经的宏丽奢华。

根据发掘的情况和各种史料的记载，含元殿的复原模型逐渐清晰地呈现在人们面前。

含元殿是当时唐朝长安城内最宏伟的建筑。殿前东西两侧有

▲ 唐朝大明宫含元殿复原图

翔鸾、栖凤二阁，"千官望长安，万国拜含元"。可以想象，每逢大朝会，百官穿过长长的龙尾道，最终登上含元殿，这个过程仿佛是通往天上宫阙。

▲ 复建的大明宫丹凤门

据说当时有官员登上龙尾道后，因气力劳顿，听错了皇帝尊号，被罚去一个季度俸禄。这道台基的高大可想而知。

配合含元殿作为外朝礼仪场所的，是距含元殿最近的一道宫门——丹凤门。丹凤门是唐大明宫的正南门，享有"盛唐第一门"之誉。

作为皇后，武则天曾陪同李治在丹凤门的门楼上接受百官朝拜，万民欢呼，并在城楼上宴请外国使者。这种四海臣服的宏大场面带来的荣耀进一步刺激了武后治理国家的信心和对权力的欲望。

▲ 唐朝大明宫丹凤门遗址

20世纪五六十年代，考古工作者马得志等人经过小规模的勘探发掘，找出了丹凤门的3条门道遗址。结果显示，丹凤门仅有3个门道，门基长51米。这个结果令继任者安家瑶非常困惑。

安家瑶说："当时经过钻探后，我们只确认了3个门洞，但是，我们总感觉这3个门洞和含元殿不是完全在一个轴线上，在南北轴线上有所偏差。"

在历代所有宫殿中，从格局上来看，明清故宫与大明宫最为接近。作为进入明清故宫的主要通道——天安门，就是以5个门道的最高等级设置。专家们分析认为，大明宫丹凤门也应该是同样的级别。并且在宋朝吕大防所绘的大明宫图上，也清晰显示出这里是5个门道。

那么，另外2个门道在哪里呢？

2005年，安家瑶在遗址附近发现了一段有火烧遗迹的土层，在门道的堆积中还出土了许多烧流的砖瓦残块。

考古专家回忆:"当时在清理一个问题坑的时候,我们又发现了红烧土面。在考古工作中,红烧土意味着当时文化层的一个界面。因为所有的门址都是被火烧毁的,发现红烧面就意味着文化面可能有道路,也就是说,可能有门道遗址存在。"

安家瑶进一步解释:"这里有第4个门洞,就必须有第5个门洞,因为中国建筑是对称的,所以可以确定,这里有5个门洞。"

由此,一个悬疑多年的学术谜案破解了。从这些长60厘米,宽40厘米的柱坑推断,整个丹凤门东西长达200米,可见丹凤门的恢宏气势。

宫城共有10座城门,南面正中宫墙有5座门,居中的为正门丹凤门,它有5个门道,上面建有巍峨的丹凤楼,与北面的含元殿相对。

三、举国之力

随着探测的深入,大明宫的布局轮廓逐渐清晰起来。根据考古的探测,这无疑是一座金碧辉煌的天上宫阙。

整个皇宫可分为前朝和内庭两部分。前朝以朝会为主,内庭以居住和宴游为主。大明宫的正门丹凤门以南,有宽176米的丹凤门大街,以北是含元殿、宣政殿、紫宸殿、蓬莱殿、含凉殿、玄武殿等组成的南北中轴线,宫内的其他建筑,也大都沿着这条轴线分布。

由于武后急于迁居大明宫,工程进度成为一个大问题。如此巨大的宫殿群,按照常理无论如何都需要一个漫长的修建过程,而大明宫仅用了短短2年时间就初具规模。

据史书记载,修建大明宫曾动用了10万工匠。但即便集中大量人力,这个速度依然是惊人的。

安家瑶介绍:"我们在挖掘过程中发现,大明宫不是完全在平地上建起来的宫殿,而是利用了自然的山势,也就是龙首原高地,这样一来,自然的地势就相差10米,就不用堆很多土,节省了人力和工期。"

◀ 大明宫含元殿遗址出土的鎏金铜铺首

▲ 大明宫含元殿出土的鎏金铜鱼饰

▲ 大明宫出土的佛像

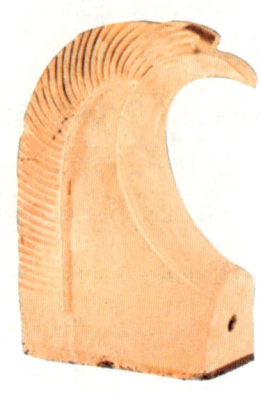
▲ 大明宫含元殿出土的鸱尾

接下来,考古队又有了更令人震惊的发现。在含元殿的附近,发掘出20多处火烧痕迹,安家瑶由此推测,含元殿曾被火烧过。但随着发掘的深入,她又有了全新的结论。

她说:"我们这次的发掘比较全面。在含元殿东廊和东北的山脚下,密密麻麻全是烧砖的砖窑,并且上面还刻着砖窑工匠的名字,写着'官匠某某某'的字样。"

对比窑址和含元殿遗址发掘出的砖瓦铭文,安家瑶发现,无论是年代,还是制作工艺上,都是相吻合的。

她说:"由此我推测当年的殿前广场就是一个制坯厂,专门用来制砖坯瓦坯,晾干之后就运到东北角的砖窑烧制。因为这里地处黄土高原,黄土是天然烧制砖瓦的材料。这样一来,就地取材,就地烧制,能够很好地进行统筹。"

如此兴师动众,劳民伤财,而举国上下仍然稳定有序。

在权利和欲望得到满足的同时,国家也在武后的治理下蒸蒸日上,版图和人口甚至超过了太宗皇帝一朝。长安和洛阳两地,比汉朝全盛时期还要富庶美丽。

然而,富强繁荣的背后,危险还是时刻隐藏在宫廷的每个角落。

四、宣政殿称帝

含元殿的正北面,就是主持朝政大事的宣政殿。在这里,武后度过了多年案牍劳形的时光。

705年,这种临朝的时光走到了尽头,因为大明宫的政权发生了自然更替。这一年,李治病逝,太子李显继位。

据《新唐书·武则天皇后传》记载,李治临死之前留下遗诏:"皇太子即皇帝位,军国大务有不决者,兼取天后进止"。

这就充分说明了:第一,唐朝第三代君主高宗对他的儿子中宗驾驭唐帝国的才能并不放心;第二,这道遗诏最大的潜台词,是把对大唐帝国最大的发展时间和发展空间的驾驭权交给了他的妻子武则天。

然而684年2月,在宣政殿发生的一件事,让这个一直处于权力中心的女人发现,自己已经不能控制大唐的局面。

这一年,中宗要把他的岳父韦玄贞授予侍中之职。在唐朝前期,侍中就是宰相,权力极大。但是,韦玄贞当宰相明显是不合适的,因为他既不具备当宰相的才能,也没有立下可以当宰相的功劳,这样的安排,无非就是因为裙带关系。

如果听任时局发展,大唐的命运将发生不可逆转的变故,而历史,也将从此改写。

年轻的中宗李显年轻气盛,他曾私下对侍臣说:"我是皇帝,我想让谁当什么官就当什么官。我把天下让给韦玄贞那都是我的事情,何况一个宰相?"

如果按照中宗治理大唐帝国的这种思路,任用他的岳丈,任用了他的外戚,那么,东汉的覆辙就要在大唐帝国重演。

当然,历史是不能假设的。因为在中宗的背后,还有一个能掌控局面的人。这天晚上,一向喜爱舞文弄墨的武媚娘写下了一篇名为《臣轨》的文章,其中这样写道:"忧患生于所忽,祸害兴于细微"。字里行间无不体现出一个历经风雨磨炼的政治家的敏感。

690年，武媚娘正式称帝，从幕后走到台前，改国号为周。历史证明，唐初大规模的官僚制度，以及世界中心的地位和疆土，都需要一个强大的独裁者出现，于是女皇武则天应运而生。

称帝后的武则天离开了爱恨交织的大明宫，将一切繁华和传奇都复制到了东都洛阳。此后15年，她在长安之巅亲手营造的宫殿成为一座寂寞无主的建筑。

▲ 唐朝东都洛阳皇宫（模型）

▲ 唐乾陵

7—10世纪的世界，是一个巨变的时代，当时的西欧正处于蛮族入侵的噩梦；拜占庭帝国正苦苦挣扎；在西亚，盛极一时的波斯帝国日益衰落，并于7世纪初被阿拉伯帝国灭亡。在这样的混乱中，东方的大唐王朝却正如日月当空照。

称帝15年后，曾经日月当空的一代女皇躺在灵柩里被运回长安。按照她的遗愿，以高宗皇后的身份与丈夫李治合葬于乾陵。政权重新被夺回李唐王室手中。

武则天谱写了历史上空前绝后的传奇，这位在大明宫度过了半生的女人，传承了贞观之治，开启了开元盛世，却终究为以男权为正统思想的封建时代所不容。临终之时她才发现，一个人可以改变权力的归属，却无法改变文化的根深蒂固。

她亲手缔造的一代世界顶级建筑大明宫，再度成为大唐的政治中心。这里，还将上演更多的荣光和遗恨。

五、夹城困惑

在大明宫，一代女皇武则天走完了她政治生命的起点和终点。含元殿、宣政殿和紫宸殿里，留下了她争夺权力和励精图治的不倦身影，因权力而滋生的阴谋和梦想并存于这座辉煌的宫殿。

这座以层层宫墙包围起来的大明宫，看似固若金汤，其实也从另一个侧面，印证了政治斗争的激烈和皇权更替的无常。

令考古人员没想到的是，就在考古进行到大明宫的后寝区域时，在3道宫墙之外意外发现了一段新的夹城。

这是一道东西走向，状如长安城墙的夯土层。

对于这段夹城，考古人员百思不解。它与位于长安城东的夹城堡是否有关呢？

有关史书记载，唐玄宗曾下令在曲江池东岸筑一城堡，赐名"夹城堡"，堡内以芙蓉花为主，又称芙蓉园。经详细考察，考古队最终确定这一段夯土层正是唐朝夹城堡南城墙遗址。

这是在长安城东郭墙外55米处另筑的一道城墙，由大明宫通往兴庆宫和曲江芙蓉园，全长7979米。

夹城在古代主要是为安全防卫而建，故宫夹城就具备这样的功能。但是，

▲ 复建的芙蓉园

考古学家们对此处的夹城却提出了自己的看法:"它主要防卫的目的不在于夹城,因为从这道夹城修建的位置来看,它只修建了大明宫和唐长安城的东边沿线,而在唐长安城的南沿线、西沿线和它的北沿线西部,并没有夹城,这是一个重要的依据。"

唐诗中"六飞南幸芙蓉园,十里飘香入夹城",所描述的"夹城"就是这种道路。

汉朝未央宫的遗址中,曾发现了一条联结前朝与后宫的秘密暗道,后经证实是后宫外戚从事干政等活动所用。那么,大明宫夹城是否也是为此目的而建的呢?

位于西安市东门外的兴庆公园,是在唐朝兴庆宫遗址上修建起来的文化遗址公园。

▲ 唐朝兴庆宫

兴庆宫,因在大明宫之南,又称南内,即夹城所通之地。唐玄宗李隆基即位之前,就和几个兄弟一起住在这里。也许是出于怀旧心理,728年,玄宗由大明宫移入兴庆宫居住听政。这里由此成为新的政治活动中心。

这样说来,夹城的主要目的是为了便于通往兴庆宫。

六、心灵困境

与大明宫相比,兴庆宫规模并不大,总占地约134.4公顷,不到大明宫面积的一半。此时,大唐的国力远比武则天时期更为富庶,作为唐朝鼎盛时期的君主,即便再造一座比大明宫还要庞大的宫殿也不为过,却为何要如此标榜勤俭?

据《陕西通志》所绘大明宫图,在青霄门内不远处有一座三清殿,三清殿就是供奉老子的道观。在现今大明宫遗址上，有一处高出地面数米的台基，据考证就是三清殿。

安家瑶说："直到现在，三清殿地面所铺台基的石条和地砖都保存得非常完好。三清殿，顾名思义，这里和天接近，所以我们在这还发现了很多坩埚，坩埚下面还有一些类似琉璃和釉的东西。我们推测，这很可能就是当年皇帝、道士炼丹用的坩埚。"

▲ 大明宫三清殿遗址出土的铺地砖（a）

▲ 大明宫三清殿遗址出土的铺地砖（b）

▲ 大明宫太液池岸边建筑遗址出土的铺地砖

▲ 大明宫太液池岸边建筑遗址出土的瓦当

▲ 大明宫太液池岸边建筑遗址出土的瓦和瓦当

▲ 大明宫三清殿遗址出土的琉璃瓦

◀ 大明宫太液池遗址出土的石望柱

▲ 大明宫太液池遗址出土的石栏板

▲ 大明宫太液池遗址出土的雕花石构件　　▲ 大明宫太液池遗址出土的陶假山

即位之初，依靠政变登上皇位的李隆基，频繁地召一位叫吴筠的道士入宫，每次入宫，吴道士都会受到隆重的接待。

历史上一些皇帝迷信道教，大都是为了炼丹服药寻求长生不老之术。而李隆基向吴道士讨要的，不是长寿丹药，而是治国之道。

李氏家族祖上有鲜卑血统，唐朝建立后，一方面为抬高身价门第，神话统治，一方面为标榜自己是纯正的汉人血统，李渊自称是老子李耳的后裔，因而李隆基非常崇拜老子，并酷爱《道德经》。中国古代批阅过《道德经》的4位皇帝中，李隆基是唯一一位唐朝皇帝。

道家提倡孝，说书里面的《二十四孝图》就是提倡孝的，属于道家文化。

中国有句古话，"百善孝为先"，说的就是这个道理。此外，道家还提倡节俭。节俭持家和节俭治国其实是一个道理，因为在中国古代，家和国是相通的。

初登大鼎的李隆基非常节俭，一改武则天以来后宫的奢靡之风。与大明宫的奢华相比，兴庆宫的收敛正是玄宗早期执政风格的体现，就是以老子"贵以贱为本，高以下为基"的思想作为治国理念。

开元年间的李隆基体恤黎民百姓，任用贤臣，成就了威震四海的盛世。

然而此时，李隆基的个人生活却遭遇了接二连三的不幸。

734年，对于50岁的李隆基来说，是悲痛的一年。这一年，五弟薛王去世，在此之前，二哥、四弟也相继去世。这些朝夕相处的同胞兄弟的离世，不仅使他失去了饮酒、击球、对弈的伙伴，也在他心头蒙上了人生无常的阴影。爱妃武惠的突然病故，进一步给了李隆基以沉重的打击。

此时，开元盛世的缔造已经完成，励精图治的动力逐渐消退，而身边的亲人却越来越少。这位年过半百的老人感到无比孤独和空虚。在这样的心灵困境中，李隆基急需要一个强有力的精神寄托。

杨玉环，一个才貌双全的女人进入了他的视线。这件事成为他政治生命的分水岭。

李隆基的生命力也因这个女人而重新焕发了生机，他的生活渐渐奢侈起来。处理政务的前朝三大殿里，少了他孜孜不倦的身影，后廷内宫成为他流连忘返的所在。

根据史书记载和一些诗歌的描述，以及位于乾陵旁边章怀太子李贤陵寝中发现的壁画，可以知道，在唐朝这个多元文化并存的时代，其文体娱乐也是盛况空前。马球场、梨园、太液池，这些

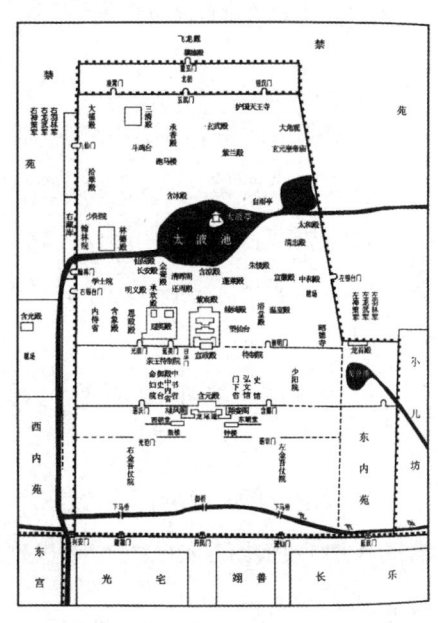

▲ 唐朝大明宫太液池的位置示意图

▲ 大明宫太液池西池蓬莱岛南岸边上的景石遗迹

▲ 大明宫太液池西池西岸夯土解剖沟

▲ 大明宫太液池西池池底出土的莲花叶杆遗痕

都是专属于大明宫休闲娱乐的热闹场所。

历代皇宫都修建有湖池供皇室成员泛舟消遣。现如今的北海公园，就是当年明清故宫后宫的御用山水园林。唐朝的大明宫也不例外。

根据元朝骆天骧的《类编长安志》记载："龙首渠西北入大明宫后，灌太液池。"

史料证明，太液池位于大明宫北面的中部，在龙首原北坡的平地低洼处。

太液池，就是大明宫后廷的一个重要园林，也是见证唐玄宗与杨贵妃爱情的场所。当年的太液芙蓉未央柳，而今安在？这一直是考古队心头悬而未解的谜。

七、太液池畔

自 2001 年起，中国社科院考古所与日本奈良国立文化研究所合作，对唐长安城太液池皇家园林遗址进行发掘考古。在遗址西岸、北岸和池中等地发掘面积近 2 万平方米。

考古工作显示，太液池面积约 16000 平方米，池分东西两部分，中间以渠道相通。据考古探测，西池面积较大，位于宫城北部的中间，为太液池与蓬莱山园林的主景部分。东池则面积较小。池的东边距宫城东墙仅有 5 米，位于宫城北部偏东处。

从整个大明宫太液池的全貌来看，它与唐朝以前及以后的后宫水榭都不尽相同。

考古学家说："在北京城里除了故宫以外，还有圆明园等多处园林，但是唐朝除了大明宫就只有兴庆宫，没有更多的园林，所以比较集中，而到了明清以后，园林开始分散设置。"

安家瑶举例说："比如汉朝的未央宫，面积比大明宫还要大，本身就有四五平方千米，它的太液池在建章宫，在汉城西侧外围不太远的地方。汉朝的皇帝在这里也挖出了一座太液池，规模比唐朝还要大，甚至可以训练水军。现在看起来，朝代越早，宫殿规模越大，到后代逐渐缩小规模，就显得更集中了。"

至此，这座传说中的人间仙境浮出水面。

后代根据记载修建了一处面积约 16000 平方米，以太液池为中心的宫苑风景区，湖中仿造建成了蓬莱、方丈、瀛洲三岛。从汉朝以来，皇家园林的水域内，总是照例垒出 3 个岛屿，寓意为神仙居住的长生不老之地。太液池内，湖光山色，芳草萋萋，宛若人间仙境。

太液池，不仅留下了一段流传千古的爱情佳话，也留下了盛唐诗仙李白的足迹。

735 年，已仗剑远游 10 年的李白来到长安城外的终南山居住下来，广为交游，希望得到王公大人的荐引，在长安谋求机会，实现自己建功立业大济于世的纵横抱负。

742年，一个春风沉醉的夜晚，大诗人李白奉旨进宫。不过，他奉旨要去的地方，不是议政的前朝宫殿，而是太液池东岸的牡丹园。

此时，正当牡丹花盛开，李隆基诏选梨园弟子演奏乐曲，这场音乐会的中心人物，正是如今炙手可热的大唐贵妃杨玉环。

赏名花，对美女，怎么可以再唱旧乐词？李隆基宣赐翰林学士李白进宫，就是命他填写《清平乐词》。

李白挥笔一蹴而就：" 一枝红艳露凝香，云雨巫山枉断肠。借问汉宫谁得似？可怜飞燕倚新妆。" 这首词是借牡丹赞美杨贵妃的天资绝色。

这一夜，明月皎皎，夜色如水。李隆基和杨玉环相拥着在太液池中央的蓬莱岛赏月，发下了生生世世为夫妻的誓愿。

因为嫌树枝遮挡了月光，李隆基命人在太液池西岸专门筑起了一个百尺高台，命名为望月台。音乐和歌舞、权利和美色，双重的珠联璧合使得他们之间的情爱超越了普通帝妃之欢。

八、安史之乱

安史之乱：指安禄山、史思明起兵反对唐王朝的一次叛乱。自唐玄宗天宝十四年（755）至唐朝宗宝应元年（762）结束，是唐朝由盛而衰的转折点。

因为让宦官高力士为其脱靴，李白被高力士怀恨在心，这位举足轻重的宦官在杨贵妃面前诋毁李白，说他的诗歌以汉朝的红颜祸水赵飞燕比喻杨贵妃。3年后，李白被赐金放还，排挤出长安。

这时边境出现混乱，心忧社稷的李白决计去北方边境幽燕一带，以探虚实。到了幽燕之后，李白亲眼看到安禄山厉兵秣马，形势已很危急。

755年，安禄山果然如李白所料，起兵反叛，安史之乱爆发。

一段旷古的传奇爱情也在逃难途中以悲剧落幕。杨玉环被当作罪魁祸首赐死于马嵬坡。

对于杨玉环的遭际,今人的看法多为同情,而不是像古人那样认为她是红颜祸水。历史学家说:"从封建社会的发展历程来看,当达到一个朝代的巅峰之后,就必然要走下坡路,这符合历史发展规律,也符合社会的发展规律,同时也符合人的发展规律。任何一个王朝,当物质上达到一定局面之后,人的好逸恶劳的本性就会显露出来,唐玄宗后期生活上的奢侈,政治上的怠于政事,都是这种人性弱点的体现,和杨玉环本人没有直接关系。"

▲ 唐朝大明宫复原图

758年末,唐军收复长安、洛阳两京,玄宗也由此返回长安。

只是,作为太上皇,他再也没资格进入大明宫半步。出于对父亲的猜忌,刚刚即位的唐肃宗将玄宗连骗带逼转移到太极宫,以便监控。

淡云秋树,曲终人散,无限的寂寞与凄凉,使得玄宗整日郁郁寡欢。4年后的一个黄昏,怀着对杨贵妃的无限追思,玄宗驾崩于长安太极宫。

在他最后的视线里,大明宫的上空,残阳如血。

大唐从此走向衰落,大明宫里,再也没有诞生过雄才伟略的皇帝。

九、百官待漏

在李白走进大明宫 70 年后，另一位书生白居易幸运地列入百官早朝的队伍之中。

据史书记载，唐朝百官都住在坊里，上早朝须半夜即起，按官职序列排队，依次进入大明宫。807 年六月，唐宪宗下令在大明宫建福门外修建了"百官待漏院"，以供早朝的官员进宫前休憩，少受风霜之苦。

同为大唐著名诗人，同为大唐官员出入大明宫，白居易不像李白那样浪漫不羁，更多的是一份忧国忧民的现实情怀。然而他们却一样不被大明宫所容。

815 年 6 月 3 日凌晨，京都长安，空气沉闷。白居易照常早早走出住宅所在的坊东门，赴大明宫早朝。

他曾因为一篇追忆唐玄宗杨贵妃悲欢离合的《长恨歌》而名声大振，并在 2 年后被朝廷封为翰林学士，不久，又擢升至左拾遗。如果没有意外，这样发展下去，白居易的仕途前程应该是畅通无忧。

但意外偏偏发生了。这天，同样赶往大明宫早朝的，还有当朝宰相武元衡。

当时四周昏暗，夜漏未尽。刺客突然提剑而下，当胸一剑，将武元衡刺死。

宰相在早朝的路上遇刺身亡，这在中国历史上还是首例。

刺杀事件震惊朝野，一时京城戒严，金吾骑士遍布长安各个关口，长安城笼罩在恐怖气氛之中。朝臣无人敢出门上朝，大明宫变得寂静无声。猖狂的刺客更是到处留下恐吓的字条，吓得办案的捕快不敢通缉犯人。

白居易当即写奏章上疏，认为宰相被暗杀在大街上是国耻，应当彻底查处幕后凶手。

此时正值唐朝藩镇割据的时代，宰相武元衡曾坚决主张对藩镇进行武力镇压，在这种背景下发生刺杀事件，背后主谋不言而喻。

当时掌权的宦官集团和旧官僚集团碍于其深层政治背景，进谏皇帝不要急于处理刺杀事件。诗人的真性情，在这个环节上被认为是一种越权行为。

1个月之后，白居易被贬为江州司马，结束了百官待漏的京城政治生涯。

藩镇割据造成的社会动乱，贯穿了白居易的一生，他的一生竟然经历了8代皇帝的更替。

十、满城尽带黄金甲

白居易去世30多年后，880年的12月13日，另一位曾经的书生和诗人登上了大明宫含元殿。

这位屡试不第的落榜秀才，曾无数次徘徊在长安街头回望大明宫这座梦中的宫殿，却只能含恨离去。最终他以暴力的方式赶走唐僖宗，成为大明宫的新主人。完成了当年落第之后发下的誓愿："待到秋来九月八，我花开后百花杀。冲天香阵透长安，满城尽带黄金甲。"

这个人就是黄巢。

黄巢攻占长安后，人们不禁为大明宫担忧，在这场争夺皇城的战争中，它会迎来什么样的命运呢？

历史学家认为，黄巢是个有文化的人，也是有教养的人，大明宫之所以没有遭到破坏，与他所受的教育不无关系。而且，当黄巢攻破潼关的时候，一个大宦官已经带着皇帝跑到四川把关了，没有阻止积极的抵抗，所以黄巢当时是兵不血刃拿下了长安城，皇城中没有经历大的厮杀。黄巢又是一个有野心的人，在他起义之初，就已经准备好了要在长安建立自己的政权，将这里作为自己的都城，所以他不会破坏长安城的建设。

黄巢和他的金甲骑士在大明宫的生活持续了大约2年，便被唐僖宗借来沙陀族雇佣军赶出长安。物庶民丰的长安城刺激了沙陀族的将士，883年，他们反戈击溃了帝国政府军，杀进长安，肆意烧杀抢掠。这些粗豪的游牧民族以其快速摧毁的弯刀和火炬，让大明宫经历了严重的罹难。

904年正月，大唐节度使朱温发起暴乱，在1个多月的时间内，拆毁了长安城所有的宫殿，将所得的木材沿渭河漂流至洛阳，营建他的首都。

长安城最后一缕风华随着后梁政权的组建荡涤殆尽。当那个时代的诗人李拯路过已成为废墟的大明宫，他哀鸣道："紫宸朝罢缀鸳鸾，丹凤楼前驻马看。唯有终南山色在，晴明依旧满长安。"

从此，中世纪盛极一时的大唐帝国在历经300多年风云后玉殒香销。

此时，中国的重心已移至东边，东南区域以土地肥沃、水路交通便利而更有吸引力，而国都必须靠近经济条件方便之处。自然的选择已使东南成为他们的理想基地，比干旱的西北更具优势。

承载过长安城和大明宫的关中平原也自此消遁于历史之外。文化中心相继东移南下，长安沦为塞外边疆，荒村古堡。

作为大唐的一个休止符，长安，再也没能成为国都。

大明宫虽然衰亡了，但西安作为当前中国最大的都市之一，其文明的光芒仍在延续。

唐，中国历史上最强盛的朝代，西至咸海、东灭高丽、北并蒙古、南据越南，领土1251万平方千米，GDP占全世界的58%。大唐首都长安，是当时世界上最大的城市，繁花似锦、万国膜拜。但289年后，这个巍然屹立的神奇大国轰然倒下，盛世就此湮灭。

九成宫

20世纪70年代，在陕西省西部的麟游县发现一块残破的石碑，引起考古专家的高度重视。远道而来的中国科学院考古专家马得志一再建议当地文物部门，一定要保护好石碑，否则会成为千古罪人。对一面残破的石碑如此重视，不由令人好奇这是怎样一块石碑呢？

一、九成宫醴泉铭碑

这块碑是唐朝九成宫醴泉铭碑。之所以重要首先在于它的书写者——中国楷书"欧体"的创造者欧阳询。

北京故宫保和殿是清王朝科举殿试之处。众所周知，唐王朝全面建立了影响中国社会1000余年的科举制度，而后世的科考就是以欧阳询的欧体字为标准字体，就如同今天印刷通用宋体一样，欧体字是千年来中国文人的第一块敲门砖，刻录着欧阳询书法的九成宫醴泉铭碑在中国历史上的意义极为

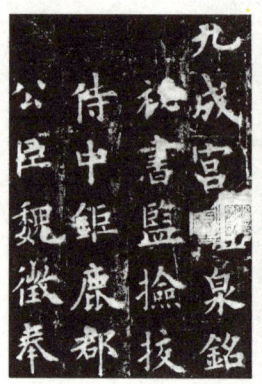

▲ 九成宫醴泉铭碑

重大。

　　此外，与碑有关的两个人物——碑文撰写者和事件当事人，在历史上都非同小可，他们是唐王朝第二位皇帝——唐太宗李世民和大臣魏征。

　　李世民的陵墓——昭陵巍然伫立于陕西省礼泉县海拔1188米的九嵕山上。作为帝王凿山建陵的开创者，李世民的昭陵海拔最高、面积最大，且陪葬墓最多，达180余座。魏征墓位于昭陵西南海拔近千米的山上，两陵咫尺相望，反映出君臣非同一般的相依关系。而后世武则天的乾陵陪葬墓仅17座；开创了"开元盛世"的唐玄宗李隆基的泰陵，陪葬的只有皇后和太监高力士。试想中国历史上哪位皇帝有李世民如此的气魄和胆略。

▲ 李世民昭陵

　　但在考古专家马得志眼里，九成宫醴泉铭碑的重要，更在于它记述了中国历史上被称为"离宫之冠"的一座伟大宫城——唐九成宫的存在。

　　马得志说，皇帝经常在这里一住就是半年多，相当第二个首都。这里虽是离宫别馆，但当时成了政治中心。它的建筑规模跟皇宫差不多，有前宫、内宫、外宫，有商业区、官司区、皇宫区，规格和首都相似，别的离宫一般都比较简化。

九成宫究竟是什么模样？它为什么有如此高的关注？为何说它表现了1300多年前的盛世大唐？俄国作家果戈理曾说，建筑是历史的纪念碑。考古学家要运用科学手段揭开历史的原貌。

马得志有一幅图，自开始考察麟游，就一直随身携带。它是唐朝著名宫观山水画家李思训的《九成宫纨扇图》，其上有乾隆御览之宝，养心殿鉴藏宝等印文，真迹现收藏于故宫博物院。

马得志认为，这幅图是历代留存画作中距九成宫年代最近的一幅，应该有参考作用，他决定大胆一试，用画作寻找1300多年前消逝的宫城。

画作显然只是宫城的局部，而画中最显著的是中间的瀑布。按图所骥，麟游现在的布局是三山环绕，三水汇流，水为杜水、北马坊河和永安河，目前县城绝大部分位于北马坊河以东，而河西边紧临屏山，如果有瀑布，只可能在北马坊河上游。

▲《九成宫纨扇图》

李思训：字健，唐朝画家。善画山水、楼阁、佛道、花木、鸟兽，传世至今的作品有《江帆楼阁图》和《九成宫纨扇图》。

而在永安河与杜水汇合处以东300米，大家发现了拦河坝的遗迹，这意味着上游水位曾被整体提高，北马坊河中间的河谷地带成为湖泊，这不就是图上游者荡舟的西海湖吗？

大家的兴奋之情难以自抑，因为一旦确定了图中最重要的这两处场景，宫殿显然就应该在水的旁边。

当年的九成宫由南向北，地理位置层层拔高，到了天台山平地突起30多米，就到了宫内的最高处，内皇城里的制高点就是九成宫天台山一号殿所处的位置。左边是九成宫的二号殿，前边是九成宫南大门永光门所在地，右边是九成宫三号殿，三号殿北边廊道后边是当年碧波粼粼的西海湖所在地。

接下来的考察顺理成章，更让人惊喜的是麟游现存离宫的保存状况颇为良好。

马得志在麟游老县城发现，从城墙看，它建于六七百年前的明朝年间，而在老县城以西2.5千米的山下，也就是九成宫醴泉铭碑所在地，是20世纪60年代才建立的新城区。史书记载，由于唐朝末年一场百年不遇的特大洪水和泥石流，九成宫毁于836年。由此可以推测，唐末九成宫被淹后，人们才逐渐搬迁到山上老县城一带居住，而离宫所在地由于严重的水土流失和1000多年间少人居住，被完整掩埋在了厚达2～4米的黄土之下。

二、寻梦九成宫

▲ 唐太宗李世民画像

唐王朝辉煌的300多年基业起始于李世民诛杀亲兄弟，逼退父亲李渊的玄武门事变。

但令人困惑的是，李世民在执政的23年间极少大兴土木，唯一例外建大明宫，也不是为他本人，而是为了太上皇李渊。史书记载，李世民本打算修整麟游的离宫，即九成宫，给父亲李渊避暑，但李渊却始终不肯去。于是，贞观九年，李世民为其修建大明宫。李渊死后，李世民便中断了工程。

李世民富有天下，却为何一生如此节俭？李渊又为何对九成宫如此讳莫如深？

马得志认为，李渊不会是因麟游的环境而不愿到离宫。九成宫的前身是建于593年隋文帝杨坚时期的仁寿宫，选择麟游建宫正因为这里山清水秀，风水极佳。

麟游一直流传着一个传说，仁寿宫北靠碧城山、东倚石臼山、西临屏山，三山如同一个坐北朝南的太师椅，是聚风藏气、辉映天地的吉祥之地。而且仁寿宫建成后不久，宫中飞来一只白色麒麟，白麒麟是罕见的吉祥之兽，因此隋朝皇帝下令将此地改名为麟游，这便是麟游地名的来历。离宫的设计者是中国历史上非常著名的建筑大师——隋人宇文恺，他也是唐长安城的设计者。

> **宇文恺：** 字安乐，中国隋朝城市规划和建筑工程专家。主持修建了大兴城（今西安城）、东京城、广通渠等。

唐长安作为当时世界上最宏大壮丽的都市，设计周详、布局井然，以坐落在城北的宫城为核心，宫城、皇城、郭城渐次展开，既是封建皇权高度集中的反映，又是中华古典文明的顶峰，而它的前身正是隋朝的大兴城，如同唐后来继承了仁寿宫，只不过改名为九成宫一样。

既非环境也非建筑因素，究竟是什么原因让李渊忌讳这里呢？

马得志翻开史书，发现李世民的年号大有学问。夺取帝位后，李世民首先做的事情是取年号为"贞观"。《周易·系辞》中说，"贞"是"正"的意思，"观"是给人看，因此，"贞观"就是"示人以正"。李世民是想借年号明志，未来他将用成绩证明自己。

很显然，李世民对自己弑兄逼父、武力夺权的行为忌讳莫深，这是否会影响他其后的行为？马得志深信，历史的秘密藏于地下，必须用发掘找出真相。

1979年秋，考古发掘正式展开。勘探下来，麟游划分出与离宫有关的多处遗址，而一号遗址所在的天台山居高临水，地理位置优越，发掘工作首先从这里开始。

没多久，在马得志图纸上的殿址西端出现了一座小山丘。如果按当地人所说，数十年前，在与此相对的东侧也曾有一小山丘，这就是说，这座目前占地600多平方米、面阔5间、进深3间的殿堂两侧应有双阙布局。

阙代表最高皇权，只有皇宫才能有阙，机关、衙门不能修阙。代表性建筑双阙就成了天子的居住所在地，所以，有双阙就说明是至高无上的建筑规模。

考古旗开得胜，现场一片振奋。接下来的工作需要将宫殿土层代表的文化层面全部揭开。但随着隋唐两朝的建筑遗迹都显露出来，考古队员却困惑起来。

他们发现，隋朝城墙的包皮砖采用的是磨砖对缝的砌筑工艺。将砖底下切削，然后在一个侧面磨成一定的斜度，所有砖砌上去后整个形成一个收放非常均匀的坡度。

到了唐朝修复九成宫时，就用自然的毛砖错缝砌起来，完全失去了隋朝的砌筑工艺，显然，隋朝的砌筑工艺比唐朝要高级得多。

这让考古人员感到有些不可思议。李世民是在隋灭亡13年，自己登基5年后开始修复九成宫的，这也是他修建的第一座大型离宫，相比隋朝仅仅37年的短命王朝，大唐的国力国运都远胜前者，为什么唐的建筑工艺反而不如隋呢？

隋朝末年，天下大乱，李渊、李世民父子起兵太原。当年隋文帝如同秦始皇，金戈铁马，气吞万里，一统分裂多年的中国。但短短37年，却也同大秦一样，陷入遍地楚歌、二世而亡的境地。隋灭亡后不久，618年，李渊建立唐朝。

贞观之初有一次大讨论，为什么强大的隋王朝很快灭亡了？

新登帝位的李世民在孜孜不倦地处理国事之余，思考更多的是国家的路线问题，方针的确立才是他能否振兴国力的关键。

当时对政策之争有一个说法，是王道还是霸道两个路线的斗争。霸道主张以力服人；王道主张以德治国。以德治国的关键就是自己要行得正。唐太宗知道，要想节约民力，藏富于民，就要尽可能地减少国家用度，九成宫就体现了这种政策。

1980年，当三号宫呈现在马得志眼前时，他不由得更为惊叹。主殿卓然于世，围绕它3条阁道分别伸向东、西、北方向，应与其他建筑架桥相连；而北阁道墁道直抵河岸，应该是专为到水边游玩的码头；主殿两端还立有高大的门阙，整个建筑巍峨壮观，秀美卓绝。九成在《吕氏春秋》中意为复集九重之台。试想，贞观六年仁寿宫改名为九成宫时，如果李世民为离宫的壮美所震撼，他怎么会重蹈隋朝覆辙呢？

632年，即贞观六年，离宫之冠的仁寿宫结束它作为隋朝离宫的生涯，开始以九成宫的新面目走进贞观时代。当李世民再次恳求李渊去修葺一新的离宫避暑时，李渊仍没同意。李渊心中的纠结不会在史书中记载，但马得志推测出了原因。

604年7月13日，隋文帝杨坚在仁寿宫驾崩。民间传说和史书都认为，杨坚在人生最后时刻决心废除太子，于是太子杨广发动宫廷政变。

作为隋朝的高级官员，李渊深谙内情。退位为太上皇后，他仍旧担心事件重演。事实证明，玄武门事变导致的父子心结终究不可能消除。

不过无论如何，坚持儒家治国方针的李世民是决不会冒天下之大不韪去弑杀生父的。

贞观六年，全国人口比贞观初年增加一倍；府库甲兵，远胜于隋；这一年天下判死刑的人只有29人，刑法几乎停止。出现了夜不闭户、路不拾遗的和谐景象。唐王朝的盛世——历史上著名的贞观之治开启。

这一年，踌躇满志的李世民第一次来到麟游，拉开了九成宫辉煌的序幕。

1986年，在九成宫遗址工作8载的马得志由于年龄原因离开了这里。

马得志初步恢复出了隋唐离宫的盛景。这是一座规模壮阔，如诗如画的旷世奇宫。整个宫区随山就势，结构完整，包括宫城和碧城山上缭墙范围内的禁苑。宫城平面约为长方形，东西长1千米，南北宽0.5千米，东西街道恰与今天麟游县城的东西大街完全重合。城内探测出遗址40余处，其中宫殿至少15处，东城附近为官署，而天台山一带作为九成宫的主要宫殿，有临朝听政的一号主殿、阅兵庆典的三号大殿、皇家居所的二号、六号、七号等。宫峦叠嶂，辉煌壮观，与九成宫醴泉铭碑所述完全吻合。

但令马得志遗憾的是，已发掘出宫殿区主要集中在宫城以西的一、二、三号宫附近，更大范围的东侧被麟游县城所占而未能发掘。马得志认为，东侧应该有更大的发现，果不其然，数年后，中国考古史上第一座完整的隋唐大殿横空出世。

三、三绝碑

九成宫醴泉铭碑被称为三绝碑，是因为这块碑囊括了欧阳询的书法、大臣魏征撰写的碑文以及唐太宗李世民发现水源的故事。欧体举世推崇自不必说，但后两件事又何以称绝呢？20世纪70年代末中科院唐城考古队以九成宫醴泉铭碑为起点，开始通过宫殿考古去寻求答案。

1988年的一天，麟游县邮电局建筑工地发现石础。

在此之前，考古队负责人安家瑶的前任马得志结束了在麟游九成宫的工作。马得志曾说，九成宫，这座1300多年前被誉为离宫之冠的隋唐离宫完全坐落于今天麟游县城2～4米的土层之下，一旦动土必是重大发现。

中国社科院考古研究所研究员安家瑶不会想到，她人生中最传奇的一次考古经历就此展开。麟游，这个保存着中国最完整隋唐离宫的小县城再现的不再只是一段盛世传奇。

今天天台山山顶上只是一个小小的土丘，但考古工作已证明，1300多年前，这里濒水临风，俯瞰全城，是九成宫主殿所在。

贞观六年，唐太宗李世民第一次到九成宫避暑，他在这里大宴群臣，九成宫沉浸在一番特殊的欢乐气氛中，青山绿水间大家兴致高昂，共同庆祝一个新时代的开启。

贞观之治是中国历史上最著名的盛世。贞观四年，全国丰收，农业的发展促进了商业的兴起，当时，世界出名的商业城市一半以上集中在中国，首都长安和陪都洛阳是世界性大都会。

贞观七年，莆州刺史赵元楷为迎接李世民巡幸，专门整修皇帝驻地，不料却被李世民责问：这让老百姓增加多少

▲ 九成宫遗址

额外负担？没几天，赵元楷羞愧而死。贞观时期，滥用职权和贪污渎职是历史最低点。

贞观四年3月，唐周边各少数民族君长赴长安觐见，恭请李世民为天可汗。大唐作为当时世界上最文明和强盛的大一统帝国，威震四方、国强民富。

在情绪高涨的同时，李世民

▲ 长安城复原图

也越来越为一件事而烦心。原来，由于皇帝到来随员众多，九成宫遭遇用水困难。今天宫城中部有一口隋唐水井，雕刻精细，水井被井亭严密保护起来，并经过隋唐两朝的反复修葺，可见一直以来九成宫对水资源的极度重视。

4月16日这天，李世民在离宫慢慢闲转，走到宫城西边，发现山根一块土壤有点湿润，他估计地下有水源。醴泉铭碑记述得非常神奇，李世民手杖向下一戳，泉水就喷涌而出，而且水质清澈如镜，味道甘甜如美酒一样。

水是生命之源，对隋唐第一离宫尤为重要。但是，这件事的意义显然不止于此。隋王朝细心维护水井，一定也曾遭遇缺水之困，却一直没有找到新的水源，而李世民来此仅半个月就改变了历史。记载国家重大瑞象的唐六典里，第一便是醴泉，即九成宫甘甜泉水的发现。可以想象，在一个国运上升的年代，醴泉的出现简直是天遂人愿，锦上添花。据说李世民发现水源时，现场"祥瑞之兆"的欢呼声响彻整个宫城。

安家瑶来到麟游后，心情无法平静，她一到邮电局的现场，就发现情况不简单。

安家瑶说，这里基本是水平的，底下的夯土也都很平整，证明没有被移动过，这是非常罕见、非常难得的。在考察中她发现，这座宫殿背后的山体滑坡，将整个遗址埋在近4米厚的黄土之下。

安家瑶曾是唐城考古队在大明宫考古工作的负责人。大明宫规模庞大、

▲ 大明宫遗址

功能复杂，是唐上百年的政治中心，但大明宫从来没有发现过完整和没有被移动过的柱础。

邮电局地下宫殿柱础从没有被移动过，被完整掩埋了1300多年，这意味着这座宫殿很可能是目前绝无仅有、保存完整的隋唐宫殿遗址。想及此，安家瑶激动万分。

刚来这里就发现了甘甜的泉水，李世民立刻决定将这件事记录下来。

唐太宗登基时曾说："朕虽以武功定天下，终当以文德绥海内"，唐朝孕育了流芳百世的唐诗和书法。李白、杜甫、白居易这些中国文学史上最伟大的诗人，以及欧阳询、褚遂良、颜真卿、柳公权这些中国书法大家，无一不是出自唐朝。再看唐朝的建筑、壁画、着装、工艺品，一扫前世浮靡绮艳的作风，刚健质朴、大气自由。如果说疆土广大、经济繁荣是一个王朝国力强大的外表，那么，文化繁荣昌盛，社会安定才是令人向往的内在魅力。

这篇文章该由谁撰写呢？自己写未免炫耀，朝中虽然不乏文笔好之人，但李世民考虑，这么一件好事，只有由大臣魏征写才更有说服力。

魏征，河北人，在辅佐李世民前一直站在李世民的对立面。但李世民不计前嫌，为己所用。或许为了感谢知遇之恩，或许由于他的官职就是谏官，史书记载，魏征17年中陈书进谏200多条。

魏征其实是贞观年间积极进言、励精图治的官员群体的代表。贞观一朝，从防微杜渐的房玄龄、杜如晦，到威震燕山南北的李靖；从死在工作岗位上的岑文本，到去世后家里连玉片都拿不出的建设部长李大亮，他们都是朝廷的人才。后世说"盛世常见多才，衰世常患无才"，贞观朝中人才辈出。

1990年9月23日，邮电局位置被定为九成宫37号遗址，考古发掘正式开始。2个月后，考古队终于将柱础上覆盖的厚达2米的黄土移走，这时，安家瑶却突然决定停工。

遗址的保存状况再次震撼了安家瑶。青色石灰岩雕琢而成的柱础，坚硬细腻，且表面极为规整光滑，有的表面还留有圆形紫色木柱痕迹。

作为宫殿考古的老专家，安家瑶在1981年九成宫水井发掘时曾来过。她注意到，当初发掘出来的水井柱础花纹清晰，青莹透亮，由于常年暴露在外没有合适的保护方法，现在已经逐渐风化萎缩。

▲ 九成宫画卷

这处遗址太珍贵了，考虑再三，安家瑶决定未来的发掘原则必须以保护为首要。因此，发掘只到揭露出殿址，不破坏、不移动原位置上的一砖一石，为将来有条件时进一步探测奠定基础。

四、时代丰碑

第二年4月，九成宫37号遗址的考古发掘重新开工，中心部位已经露出头角的14个石柱础一一显露，它们结构有序，布局完整，这个面积约200平方米，面阔5间，进深2间的殿堂让人一目了然。

古代建造宫殿，通常宫殿下都有一高大土台，它直接承受房屋上部荷重并将其传递到地基。早先的钻探表明，整个宫殿建筑的夯土台基面积近1500平方米，达到现在殿堂面积的7倍。而此处夯土总厚度为2.3米，底部低于隋唐地面约1.3米，也就是打地基时曾经是大开挖，这种开挖在清朝称为"满堂红"或"一块玉"，这种方法既可以使建筑基础牢固均匀，又可以防潮。普通的建筑绝不会如此费力，这说明此处建筑规模相当可观。

李世民很快收到了魏征的文章——"冠山抗殿，绝壑为池"。文章从九成宫的豪华壮美说起，讲述了李世民接手隋朝旧宫后如何爱惜民力，克己治国，尤其对于发现醴泉这样的国之盛事不惜笔墨，全文行云流水，文辞优美，读之如饮甘泉般沁人心脾。但文章最后一段，话锋突然一转，"居高思坠，持满戒溢"几个字大出李世民的意外，他不禁皱起眉头。

史载李世民曾打算题"惟结尾居高思坠等句，似可斟酌"，但最终也许他想到魏征每次执着进谏的情形，想到魏征背后无数勤勉的官员，最后他放弃删改，只批复了"着即照刊"4个字。

李世民一直在考虑，这样一件将永久流传的事迹，由谁来书写碑文呢？

李世民本身就是一个书法大家，他重金购买王羲之的《兰亭序》，并将之陪葬到昭陵的事情举世皆知，在九成宫闲暇时他也不忘研习书法。

当时世间公认的4大书法家是欧阳询、虞世南、褚遂良和薛稷。李世民认为，虞世南温厚、褚遂良妩媚、薛稷纤瘦，只有欧阳询骨力劲峭、气度非凡，配得上魏征文字的刚劲、俊美，铁骨铮铮。

据文献记载，醴泉铭碑写好后，李世民感觉欧阳询写的字非常出色，当时他把碑文拓了不少拓帖，分赐给宫中的王子、王妃、大臣，让大家作为学习楷书的范本去临习。

九成宫醴泉铭碑的故事在一波三折中走向完整。而1300多年后，九成宫37号大殿的发掘工作也在断续中，终于在1994年基本完整地面世。

这确实是一处保存相当完好的隋唐宫殿遗址，它占地面积1351平方米，除个别柱础外，其他柱础都仿佛修建时一般完整光润、稳固坚实。

专家认为，大明宫的规模比它大，但没有它这么精巧。

大殿建于距地1.09米的台基之上，台基以坚实的黄土夯筑，台基四壁全部用石材包砌，周边都设有登殿的踏道，踏道中间宽，两边略窄，想来主要人物正是由中间登殿。整个大殿设计严谨，做工精细。底层土衬石，中层有陡板石、板柱等，上层压栏石，表面雕刻着大气精致的忍冬纹路，既保留着隋唐建筑通常的简约豪放的风格，又透露出避暑离宫的精巧秀丽。

停留在这座独一无二的隋唐大殿遗址上，安家瑶心中充满了自豪。她唯一存有疑惑的是，从柱础推断，在中间面阔 5 间，进深 2 间的殿堂外围是一周廊道，这也是唐宋时期非常流行的式样，可是此处的廊道宽度竟达 9 米之多，这样宽大的廊道还是首次发现，他们要这么大的廊道做什么呢？

633 年，贞观七年，李世民第二次来到麟游，九成宫醴泉铭碑正式树立。醴泉铭碑被称为"三绝碑"，其中李世民大度接受大臣的逆耳忠言；魏征坚持了自己忠贞爱国的风格；而欧阳询在 70 岁时书写此碑，使它成为集书法家一生功力的楷书极品。君臣 3 人共同书写了一曲昂扬激情的盛世颂歌，使醴泉铭碑成为贞观宽厚自由、欣欣向荣的时代丰碑。

如果说九成宫醴泉铭碑描绘了一个时代，九成宫就是这个时代的直接见证。1994 年 9 月，九成宫 37 号殿的发掘工作荣获当年全国十大考古发现。

面对自己亲手发掘的中国唯一保存完整的隋唐大殿，安家瑶对最后一个疑问有了这样的推测：魏征曾经说过，纳谏的目的并不在于采纳具体意见，而在于吸引人才，帝王能展示胸怀，创造宽松的气氛。在这样一个思想活跃，文化昌盛的时代，人们应该需要更多自由发表意见和吟诗品书的活动。而九成宫所在地山川秀美，人气旺盛，人们更愿意流连于室外。因此，唐王朝才保留了那样宽阔的廊道，37 号殿应该就是九成宫殿群中一处大型室外活动场所。

千百年来，高高的九成宫醴泉铭碑前花开花落、人影交织。风云变幻中，仰慕者、临摹者、感叹者往来穿梭。透过这面厚重的石碑，人们仿佛触摸到了盛世大唐——一个时代的梦想和辉煌。

中国古代的长安城，规模宏大，气势磅礴，与同时期的罗马并称为东西方两座最宏伟的都市。但从西汉到盛唐，长安城到底有多大？那些巨大的宫殿到底经历过怎样的变迁？长安城里又曾经上演过多少神秘的故事？

解密长安

西安，中国历史上建都朝代最多的城市，曾有13个王朝定都在这里。

位于今天西安市西北郊未央区的一片土地，就是当年西汉王朝的都城——汉长安城所在地。

2007年4月，中央电视台记者跟随中国社会科学院学部委员、著名考古学家刘庆柱来到这里。

刘庆柱现场为我们揭开长安城的神秘面纱。

一、寻寻觅觅，从皇陵找入门钥匙

刘庆柱是我国研究汉长安城遗址的专家，对汉长安城的考古研究已经有23个春秋。

刘庆柱："这个土台子就是当时城门的门墩。这个门墩宽14米，规模相当大。这个城门一共3个门洞，现在我走的是中间的门洞，从这里进去，就到城里了。要是在2200多年前,这个中间门洞不是我们这些人能走的。只有像汉武帝、刘邦这种身份的人,才能够通行。

我国对汉长安城的考古发掘始于1956年,由于人所共知的原因,20世纪60年代中期以后,考古工作进度受

▲ 刘庆柱在接受采访

到了影响,那个在历史上气势博大、万人瞩目的长安城依然笼罩在神秘的面纱之下。

1982年,考古所准备让刘庆柱承担汉长安城考古研究的课题,然而,刘庆柱推辞了。这是为什么呢?

主持人:"一开始被您拒绝了,而且连续拒绝了3年,为什么呢?"

刘庆柱:"汉长安城这么大一个范围,小则十几平方千米,大则几十平方千米。一个考古学家的一生中的田野工作时间非常有限。"

主持人:"摸不遍?"

刘庆柱:"根本摸不遍。所以,这就像到了一个新城市,我要先拿到一张地图,这样再走路就不至于迷路了。"

主持人:"可不可以理解为,当时您是因为脑子里没有这个地图?"

刘庆柱:"我想找到一个类似的'地图'。"

1967年,刘庆柱毕业于北京大学考古系。1979年进入中国社会科学院考古研究所工作。20世纪80年代初期,为能够真正解开汉长安城的秘密,刘庆柱煞费苦心地做了3年的特殊准备。

主持人:"这3年里您在忙什么呢?"

刘庆柱:"我选择一个陵墓作为参照。我想到,和汉长安城最接近的,就是汉朝皇帝所修的陵墓。"

主持人:"是一个缩影吧?"

刘庆柱:"因为陵墓里面是按照当时都城的形状去修的。书上记载,皇帝

修的陵墓像都邑。因此,我想先弄清汉朝皇陵的格局,它对我会有启发。"

历史上西汉王朝曾经有11位皇帝。那么,在西汉的11座皇帝陵墓中,刘庆柱会选择哪一位皇帝的陵墓作为他研究汉长安城的参照呢?

刘庆柱:"当时曾有人建议,选汉武帝茂陵。但我觉得在中国历史上,像汉武帝和秦始皇,在文化、规律性上没有代表性。为什么呢?汉武帝陵墓太突出了。西汉11个皇帝,其他皇陵的封土高度都是30米左右,低的有29米,高的有32米,只有汉武帝的陵墓却高达46米。"

主持人:"他觉得自己就应该高。"

刘庆柱:"所以,我觉得他的陵墓没有代表性。开国皇帝,是初创时期,没有代表意义。最末的皇帝,因为国力衰弱,没钱去大搞,也没有代表意义。我要找个中兴的皇帝,就是汉宣帝。"

位于西安市雁塔区曲江乡的杜陵。它的主人是西汉中兴皇帝刘询。刘庆柱以它作为解开汉长安城秘密的参照,进行了3年的发掘研究。

因为"建陵墓若都邑",陵墓的建筑格局就是长安城的坐标,刘庆柱选择了寻找正门作为切入点。

▲ 杜陵东门遗址

刘庆柱称,当时我找到门后,发现它的装饰已经看不到了,都成地基了。我想知道它是怎么被毁掉的。后来,结合史书记载,发现高地最容易被雷击。帝陵是不是也有这个情况呢?挖掘果然发现东门被火烧了,那些瓦都被烧成了红色。再查文献记载,确实东门被雷击过。而北门、南门、西门没有这样的记载。发掘了北门、南门,也没有发现被火烧的痕迹。于是,我推断,东门应该是正门。

由此,我想到汉长安城的正门应该装饰最豪华、最巍峨壮观。

参照杜陵的建筑格局,刘庆柱认为,在长安城的12个城门中,东门可能是最主要的城门。

刘庆柱："在这之前都说北门是正门。因为历史书上有一个记载，北门叫北阙。说当时出征的皇帝，把楼兰王给杀了，把楼兰王的首级挂在北阙。曾经有的学者说北阙是楼兰城的北门。实际上是汉长安城的，未央宫的北门。实际上北门不是正门。当时我已经怀疑了。"

> **未央宫**：西汉皇家宫殿，因在长乐宫之西，又称西宫。汉高祖七年在秦章台基础上开始修建，至汉惠帝时基本建成，成为西汉诸帝的日常起居和办公场所。其殿台基础是用龙首山的土垒成，殿基甚至高于长安城。

主持人："就像北京的德胜门不是城的正门一样？"

刘庆柱："对。正门、朝向是一个建筑大格局的关键所在。决定了正门就决定了朝向，决定了朝向就决定了整个建筑的安排。后来，我对东门是正门基本上予以认定了。"

主持人："就是从杜陵推断过来的吗？"

刘庆柱："从杜陵一直推断过来，还结合了文献。我发现东门有驰道，什么叫驰道？就是皇帝走的路。在其他的门没有这样的记载。皇帝每次出行都是走东门。"

二、意外发现，宫殿地下有秘道

确定了城门的朝向后，刘庆柱选择了汉长安城中最能体现帝国统治的建筑——未央宫作为发掘的突破口。

位于汉长安城西南部的未央宫，是皇帝的办公大殿，西汉的11个皇帝都曾在这里升朝坐殿，号令天下。据记载，未央宫气势宏伟，内有大小台殿43座，由汉初名臣萧何一手监造完成。然而，长年战乱使西汉初年经济萧条，国力衰弱，大臣们上朝以牛车代步。在这样的国力之下，萧何为什么要劳民伤财，修建如此宏大的宫殿呢？

主持人："未央宫和北京故宫比，哪一个大呢？"

刘庆柱："未央宫大。未央宫5平方千米。唐朝大明宫，相当于3.2平方千米。故宫可能也就是大明宫的三分之一。"

主持人："那汉长安城有多大？"

刘庆柱："汉长安城是 36 平方千米。"

主持人："跟原来的老北京城比较呢？"

刘庆柱："应该不小吧。"

据测量，当年未央宫的面积约占汉长安城总面积的七分之一。以"未央"一词来命名，是取其大汉江山永固，没有尽头的意思。

刘庆柱："那时候刚得天下，刘邦回来一见这个未央宫，发脾气，严厉批评说，怎么能修这么宏大的工程呢？萧何说，不修成这个样子，不足以体现皇帝的威望。我想刘邦听了还是暗自高兴的。因为他找了一个名目，给他父亲做寿。就在他批评的所谓最豪华，也是后来 200 多年里皇帝办公的大殿，给他父亲做寿。"

刘邦当年为父亲做寿的大殿就是未央宫前殿。作为皇宫中的第一大殿，皇帝就是在这里处理政务和举行朝会的。

刘庆柱对这里进行发掘，意外地发现了一个现象。

刘庆柱称，在这之前，我一直以为是一座殿，后来我发现，那个台子上是 3 个殿。第一个大殿属于仪式型的；第二个大殿是议事型的；第三个大殿是生活用型的。以后到了唐朝，像《大明宫词》里说的含元殿、宣政殿、紫宸殿，也是三大殿，再后是太液池。北京也是太和、中和、保和三大殿，后是御花园了。

考古证实，刘庆柱在未央宫前殿所发现的三大殿遗址，正是目前所知的我国古代宫廷建筑中最早的三大殿结构。西汉时期这个独特的建筑理念，为后世历代王朝所沿袭，形成了中国封建社会皇宫建筑

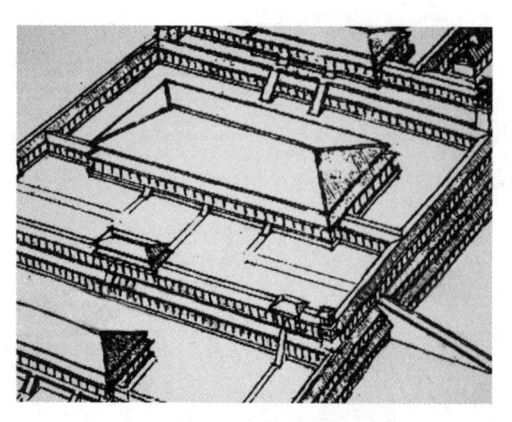

▲ 未央宫前殿复原示意图

中的一道独特风景。

今天，宏伟的未央宫三大殿早已不复存在，只有那些夯筑的台基在告诉人们这里曾经有过的辉煌。

刘庆柱："这里是三大殿最北边一个殿的南沿。往北就看到那个后阁。站在后阁往北看，就是西汉帝陵的皇陵区。据说当年吕后执政时，站在这个阁上往后看，东边是她丈夫刘邦的墓，西边是她儿子汉惠帝的安陵。她是白发人送黑发人，这两个大坟墓历历在目。"

纵观西汉历史，女性在政权统治中往往占有重要的地位。在西汉 200 多年历史中，皇帝受制于皇太后或太皇太后，似乎已成为这个王朝的一个特点。太后居住的宫殿被称为长乐宫，位于未央宫东侧、汉长安城的东南部。面积为 6 平方千米，比皇帝的未央宫还要大出 1 平方千米。

对长乐宫发掘过程中，刘庆柱意外发现，在宫殿下面有一个宽、高各 1 米左右的奇特建筑，让他非常惊讶。

刘庆柱称，完全是一个暗道。为什么地下有暗道呢？当时我解释不了这个现象。

更让刘庆柱费解的是，这个秘密地下通道，竟然只存在于皇后居住的宫殿下面！

刘庆柱称，皇帝宫殿、少府没有，各职能部门也都没有发现。我只能做一个存疑，给它描述出来了，但不敢假设为什么存在这个现象。

那么，皇后宫殿下面的这些神秘通道，到底是做什么用的呢？就在刘庆柱为在皇后宫殿下面的秘道感到不解的时候，更为惊奇的事情发生了。在嫔妃们居住的桂宫地下，也发现了类似于长乐宫的秘道。难道像传言中说的那样，是嫔妃们用来偷情约会的吗？这些秘密通道到底承担着怎样的特殊功能呢？

刘庆柱称，因为皇宫不能轻易地建地道，我

外戚： 指帝王的母族和妻族。历史上，帝王年幼时，外戚往往干政擅权，甚至有改朝篡位者，如西汉末年的王莽与建立隋朝的杨坚等。明朝为防外戚专权，规定驸马须从平民或低级官吏家庭中选取，且子弟被选中的人家，近亲中便不能再出仕为官。

觉得跟当时的政治斗争有关。不是一个拿到桌面上的政治。我们分析它存在二元政治，皇权加上外戚政治。而这个所谓的外戚政治是见不到阳光的。

主持人："名义上还是皇权。"

刘庆柱解释，按道理在建筑学上，没有必要设秘道。皇后、妃子、皇帝可以堂堂皇皇地进出。显然有一些政治活动需要避人耳目。

今天，通过考古发掘，汉宫后妃们宫殿下面的神秘通道已经大白于世。

刘庆柱指出，这是一条地下通道的进出口。这里是一个传达室。这是传达室的墙，这是传达室的门。这个是传达室的筑础石。如果这儿是进的话，再往北边走有个出口。如果是从这边出的话，北边就是个进口。这个进出口

▲ 宫殿秘道遗址

贯通了整个大殿的南北。这条通道现在看着比我矮，但它加上墙至少比现在要高出 1～1.5 米，纯粹是一条地上看不见的秘密通道。

权势已经很大的太后为什么要通过密道来召见人？这种秘密的召见又是在回避谁呢？

刘庆柱称，皇后召见她的亲属，议论一些政治问题。比如说，太后约见她的兄弟谈论朝政。她不愿意皇帝或者大臣们知道。

那么，为什么在妃子的宫殿下面也发现了这种秘道呢？这里面是否另有隐情呢？

刘庆柱称，皇帝、皇后和妃子之间政治派系很多，总体上依靠外戚，而外戚又有不同的支系，代表不同的政治派别。

既然后妃们宫殿下面的神秘通道与政治活动有关，那么，这些位于宫廷内部的秘密通道，皇帝是否知道呢？

刘庆柱认为，所有的建筑设计，皇帝都是知道的。也就是说，这种活动皇帝是默认的。因为皇后、妃子的这种政治活动，在皇帝看来都是为了他好。

她们之间尽管钩心斗角，是为了争宠于皇帝。

令人意想不到的是，过分依赖外戚势力的汉王朝，最终被外戚王莽篡夺了江山。

修建于汉惠帝时期，完成于汉武帝时期的长安城，因为它在布局上的特点，成为后来都城建设效仿的对象。

三、考古作证，大火未烧阿房宫

经过多年的研究，刘庆柱形成了一套对汉长安城考古的独特理论。1991年，他主编的田野考古发掘报告《汉长安城未央宫》，得到了考古学界的普遍赞赏。目前这份报告已经成为汉长安城考古学研究的基础。更为可贵的是，刘庆柱将自己多年的考古经验上升到理论，在后来的夏商时期二里头遗址和偃师遗址考古中起到了指导性的作用。20世纪90年代中期以来，刘庆柱主持了多项田野考古工作。1998年他被任命为中国社会科学院考古所所长。

▲ 刘庆柱在野外考古

2002年10月，刘庆柱组织了针对阿房宫遗址的探测工作。这也是2200多年以来我国第一次对阿房宫遗址的全面调查勘探。此次勘探带队的是刘庆柱的夫人李毓芳教授。刘庆柱作为顾问负责对发掘现场进行指导。

> **阿房宫：** 公元前212年秦始皇下令建造，希望它成为秦的新朝宫。有"天下第一宫"之美誉，也是目前世界上最大的宫殿基址。与万里长城、秦始皇陵、秦直道并称为"秦始皇的四大工程"，它们是中国首次统一的标志性建筑，也是华夏民族开始形成的实物标识。由于规模太大，直到秦朝灭亡时，仍没有竣工。

史书记载，公元前207年，项羽带兵进入咸阳，点燃了一场惊天动地的大火。在这场大火中有一座恢宏的殿宇也化为灰烬，这就是阿房宫。历经2000多年的风霜，昔日的阿房宫建筑早已荡然无存。为取得详细的考古数据，考古队在这里展开了全面的勘探。

然而随着挖掘的深入，考古队员们的心也开始一点点地紧绷起来。

刘庆柱称，一探就知道不对了，全是汉土，没有堆积。什么叫堆积？房子倒了以后，砖瓦堆积起来。金银财宝可以拿走，可是不会拿走砖瓦，残砖烂瓦你拿去干什么？阿房宫作为那么大一个建筑，没有砖、瓦，这不可能啊！

如果说没有找到秦朝的砖瓦残片，就已经让考古队员们感到一丝不安，那么，困扰他们的还有一个重要的证据——大火焚烧的痕迹也始终没有出现。

▲ 刘庆柱在指导探测阿房宫

刘庆柱称，历史上传说火烧阿房宫，说大火烧了3个月。有些夸张。但是火烧阿房宫，我不觉得是夸张。因为我挖过秦咸阳宫，秦咸阳宫像砖瓦窑一样全烧了，烧化了的铜器、钉子都凝结在一起。但钻探阿房宫，没有发现任何火烧的痕迹。

考古队员们对35万平方米的土地进行钻探，寻找火烧的证据。在对整个阿房宫的遗址细细梳理一番之后，刘庆柱不得不质疑：阿房宫是否根本就没有被大火焚烧过？

探测结果并没有想象中的秦朝瓦当的大量出土，也没有廊道、排水道等的发现，总之找不到有关这座雄伟宫殿的任何蛛丝马迹。既然没有被大火焚毁，究竟是什么可怕的力量彻底摧毁了这座宫殿呢？

刘庆柱称，我们把秦朝地层的土取出来实验分析，结果发现这个宫殿建完地基后，上面长的都是草。没有任何土壤变质的东西。最后得出一个结论：它并没有建成。

主持人问："没有建成的意思就是？"

刘庆柱回答："就是根本没有屋顶，连墙都没有。"

据记载，秦始皇下令修建阿房宫是公元前212年，但这位显赫的君王在公元前209年，突然病死于出巡的途中。阿房宫和秦始皇陵作为秦帝国的两项重点工程，是同时进行修建的。秦始皇死后，秦二世不得不决定停止阿房宫的工程，全力抢建秦皇陵。

从秦始皇计划修建阿房宫那天算起，阿房宫工程总共历时不到4年。据测量，阿房宫前殿遗址面积为54万平方米，夯土台高12米多，仅夯筑这个台基就需要黄土650万立方米。要完成如此巨大的工作量，4年的时间并不算宽余，何况取土所花费的巨大人工还没有计算在内。

今天，阿房宫没有建成的说法已经被很多人认可，刘庆柱和他的考古队员们通过努力，纠正了一个流行2200多年的讹传。

此后不久刘庆柱又提出了一个让人惊骇的结论，人类历史上最伟大的工程之一，秦始皇陵也是一个没有完成的工程！

刘庆柱说："为什么呢？秦始皇没想到他会这么早就死去，因此，工程没有急于完成。根据在哪儿呢？秦始皇陵的四号坑是空的。他不会挖一个空坑啊。"

主持人："就是说这个坑的兵马俑还没有造出来？"

刘庆柱："对。秦始皇陵陵园里面还钻探出30多个陪葬墓，里面全都是空的，还没有埋人呢。"司马迁在《史记》中曾经这样记载秦陵地宫的壮美：以水银为百川江河大海，上具天文，下具地理。正是这些描述引发后世的人们对秦陵地宫的无尽遐想。

如果说秦陵是没有建成的工程，那是否就意味着在《史记》中被描述得美轮美奂的地宫，也有未完成的地方呢？

刘庆柱称，地宫不是未完成的工程。但也不是完全的。我觉得这可能是规律性的东西。皇帝不知道自己什

▲ 人们对秦陵地宫充满了想象

么时候死,因此总是不满足那设计,等到他一死,进度就来不及了。

主持人:"由此就牵涉了两个话题。一个是前些年,航空遥感探测秦陵地宫,说里面水银含量很高,底下有河流布局,说明跟《史记》的记载是一样的。这个您认可吗?"

刘庆柱认为,这个是对的。因为水银的测量是准确的,而且记载也是那样的。

关于秦始皇陵是否打开的争论已经持续了相当长时间,同样备受争议的还有女皇武则天和她的丈夫唐高宗李治的合葬陵墓——乾陵。

对这个问题,刘庆柱心里却有着一座特殊的天平。

刘庆柱认为,不管是谁,出于对后代、对文物负责,我觉得不能挖。

▲ 本着负责的科学态度,有许多秘密还会继续深藏在地下

主持人:"可是从好奇心来讲,你也一样好奇?"

刘庆柱:"我也好奇。但我们都要克制。吃饭要克制,知识同样要克制。有一些领域你不克制,你看了以后获得知识了,但当后人比你需要更进一步好奇的时候,信息的载体就没有了。"

开封城北，马嘶风啸，一场酝酿已久的王权交替正在陈桥驿上演。

开封兴衰

最终，33岁的赵匡胤，轻而易举地夺取皇位，建立了北宋政权。这一年是960年。

1000多年后，2007年，距河南省开封市10千米的一个普通村庄，一台挖掘机正向地底挖掘。这是一项历时20余年的考古工程，人们在寻找一条消失的河流。这条河流曾经造就了一座称雄世界的繁荣都市，也见证了一个朝代的兴衰。

10世纪，出现了当时世界上最繁华富庶的城市，它是在黄河下游的汴河南岸，一座水运造就的城市。

这座城市就是开封，史称东京。

这座曾经称雄世界近2个世纪的超级城市，如今已深埋在十几米深的地下。那条曾经造就了东京城繁华富庶的汴河，更是踪影难觅。人们只能通过一个宫廷画师绘制的一幅举世闻名的画卷，去寻找有关那个时代的记忆。

1981年，一个意外的发现拉

▲《清明上河图》记录了当年开封的繁华兴盛（局部）

▲ 挖掘中的汴河故道

张择端：北宋末年杰出的现实画家，其作品大都失传。存世作品《清明上河图》是我国绘画史上的稀世奇珍，画之瑰宝。它用现实主义手法，全景式构图，生动细致地描绘了北宋王都开封汴京的盛况。此画的第一位收藏者是宋徽宗，他用瘦金体亲笔在画上题写了"清明上河图"五个字。

漕运：是我国历史上一项重要的经济制度。利用水道调运粮食（主要是公粮）的一种运输方式。历代王朝将征自田赋的部分粮食经水路解往京师或其他指定地点，其目的是供宫廷消费、百官俸禄、军饷支付和民食调剂。漕运分为河运、水陆递运和海运三种方式。

▲ "清明上河"场景再现

开了北宋东京城考古发掘的帷幕。考古人员展开对北宋东京外城的发掘工作。外城是东京军事防御的第一道屏障，也是汴河出入京城的第一道门户。在北宋画师张择端的《清明上河图》中，有关京城熙熙攘攘、车水马龙的繁荣景象，也是以外城东水门一带为中心展开的。如果找到东京外城东南的东水门，自东水门出城的汴河自然就浮出水面了。

然而，由于开封地下水位高，加上战国、唐、五代及北宋、金、明、清6座城池叠压在一起，考古发掘困难重重。考古专家刘春迎在众多典籍中，最依赖的仍然是《清明上河图》。每当看到画卷中波涛滚滚的汴河，他的思绪就会回到1000多年前的东京城。

1076年的清明节太阳刚刚升起，此起彼伏的叫卖声已将沉睡的东京城唤醒。东水门城楼外的一个码头，停泊着漕运船队，船上满载着来自江淮地区的粮食和东南一带的货物。清明节是朝廷规定漕运头船进入汴河的日子。经过冬季清淤，停运4个月刚刚复航的汴河顿时热闹起来。熬过寒冷的冬季，东京城随着汴河的清明而变得生机勃勃。汴河与漕运，漕运与清明，清明与东京城就这样结下了不解之缘。

这条能够将南方货物运抵京城的汴河从哪里来？又是如何成为东京城兴衰的关键呢？

开封坐落在黄淮平原的西部边缘，自古以来就引黄河水入淮河，用以沟通南北交通。364年，魏惠王迁都开封，开凿运河将黄河与淮河沟通，这条运河就是历史上最早的人工运河——鸿沟。鸿沟就是后来决定东京城命运的汴河。

> **鸿沟**：中国古代最早沟通黄河和淮河的人工运河。东周末期开始兴建，从秦汉至魏晋、南北朝时期，一直是黄淮间中原地区主要水运交通线路之一。成语"楚河汉界"中的河界，指的就是鸿沟。

605年，隋炀帝开凿运河，将汴河故道改造为运河主干道，汴河从此成为全国漕运的交通命脉。北宋王朝定都这里后，通过汴河漕运，将南方的粮食丝帛，南海的奇珍异宝，源源不断地运抵京城。东京逐渐成为一个"八荒争辏，万国咸通"的豪华都会。因为这条伟大的人工河而青史留名的开封，便拥有了"汴京"的别称。

据史籍记载，汴河横贯东京城区，因汴河而兴盛的东京城，鼎盛时期人口达150万。

《清明上河图》描绘汴河清明漕运的情景：汴河上的船只有的已经停泊卸货，有的正驶向城内。粮船和货船数量众多，汴河漕运极为发达。

突然，画卷中的一个细节吸引了刘春迎的注意。虹桥附近停靠了近10只运粮船，船工们正从船上卸粮食。挑夫们手里都拿着一根小木棍。这些小木棍是干什么用的呢？

画家给出了答案：一个监工模样的人坐在那里，手中握着一大把小木棍。这些小木棍就是当时用来计数的"筹"。挑夫每背一袋粮食就能领到一根筹，如此大的储藏量，只有官府的粮仓才能够做到。那么，这些官仓又在哪里呢？

1995年夏，汪屯乡屠府坟村村民在打井时，意外发现一个"神秘的地下古洞"。由于古洞旁的村子临近文献记载的汴河故道，刘春迎立刻带领队员进行调查。

通过钻探，考古人员确定屠府坟村一带的确有洞穴存在。在确定这些洞穴的用途时，大家不约而同地想到了粮仓。

北宋的粮食货物，除存放在皇宫，大部分存放在沿汴河的仓库或货物堆垛场。《文献通考》记载，北宋初年，京城内外有大小粮仓25个，存储400多万石粮食，是京城官吏、守城将士一年的供奉。到了北宋中期，沿河所建的仓库增加到50多个，全部集中在城东南的汴河两岸。屠府坟、高楼村位于开封市区的东南方向，从所处位置判断，应该是北宋粮仓比较集中的地方。

资料表明，25个粮仓能够储藏400万石粮食，增加到50多个以后，储藏量是否成倍增加？东京城150万人究竟需要多少粮食呢？

《清明上河图》中的汴河波涛汹涌，来自黄河的汴河水挟带着大量泥沙，每年10月到次年2月的枯水期，朝廷都要组织30万人对河道清淤，直到春季复航。常年在汴河往返的纲船约为6000只，每年运送粮食为600万石。石是当时的计量单位，1石相当今天的55千克，共约3亿千克。

如果按宋朝粮食供应标准，像船夫这类壮劳力每人每天为2升，一年是7石2斗。汴河每年运来的粮食仅可养活83万人。其余的粮食从哪里解决呢？

宋人范镇在《东斋记事》中记载这样一件事：吴越王向宋太祖赵匡胤进献一条价值连城的犀牛腰带，赵匡胤不以为然地说："我有三条宝带。汴河一条，蔡河一条，五丈河一条。"大宋开国皇帝引以为豪的三条宝带，在《事林广记》所记载的东京外城图上得到了印证。

宋朝经济学家张方平在《汴京遗迹志》中记载，除汴河外，蔡河、五丈河

事林广记： 日用百科全书型的古代民间类书，南宋末年陈元靓所撰，包括天文、地理、政刑、社会、文学、游艺等内容。书中插图很多，开辟了图书图文兼并的先河。《事林广记》是一本公认的研究中国古代日常生活的重要史料，被称为文字版的《清明上河图》。

▲ 汴河、蔡河、五丈河在东京外城图中的位置

也承担漕运任务，主要供应京城百姓。这两条河流每年运输量达100多万石。神宗熙宁年间，王安石变法，主张利用汴河水涨淤田种稻。结果汴河两岸的大片盐碱地变成了良田。除了水果、蔬菜，每年的税粮就达100万石以上。

当年正是依靠以汴河为主的河流构建起辐射全国的水利交通网，才支撑起150万人的商业大都会，成就了一个傲人的繁华盛世。

那么，这个古老的超级城市是如何运转，市民们又是怎样生活的呢？

今天，位于开封市中心的"清明上河园"，每天都有北宋时期的风俗表演。通过观看这些演出，观众恍如回到了1000多年前。

由宋朝人描绘的北宋东京外城图，和现代开封的市区地图相比较，差异并不明显，现代开封城区几乎与北宋东京城的内城重叠，也就是说，现代开封城市面积仅为北宋东京城的四分之一。现代开封城不仅面积小了，周围也没有了河流的身影。

那条造就了一个繁华盛世的汴河又是怎样消失的呢？

1984年，考古队在开封皮鞋厂办公楼东侧，发现了一座古桥遗址。专家推测，这可能就是东京城里最著名的州桥。

州桥是"汴州桥"的简称，它是汴河与东京城中轴线交叉处一座规模最大的桥梁，这一带是东京城里最热闹的商业区。每当夜幕降临，州桥上灯火明亮，各种餐饮、游艺、杂耍纷纷登场，直到半夜三更仍不散去。这种生活方式彻底打破了唐朝以前严禁夜市的古老传统，使中国人第一次有了夜生活。

今天，在开封鼓楼街的中心地带，仍有一个夜市。许多摊位都挂着"百年老店"的招牌招揽生意，琳琅满目的小吃吸引市民到这里大饱口福。与宋朝不同的是，这个夜市不再通宵达旦。因为很少有人再能够如此奢侈地打发时间，现代开封人早已没有了北宋东京人的悠闲。

东京人的奢侈享受来自充足的物资供应。为保证漕运畅通，官府对漕运纲船有

▲ 今天开封鼓楼街附近热闹的夜市

▲ 宋徽宗《文会图》

许多优惠政策，明文规定纲船不许检税。因此，漕船上除了粮食，还有大量为商人捎带的金银、香料、绸缎、百货等珍稀货物。当然，还有茶坊所需的茶叶。

有了富足的生活，茶文化诞生了。由宋徽宗描绘的《文会图》，表现了文人士大夫在野外举行茶会的情景。宋朝上至官员、下到百姓，盛行根据茶的颜色来判断茶的种类和产地的"斗茶"风气。极尽奢华的金、银质点茶棒、精美绝伦的茶具，将茶文化上升到了超越饮茶之外的深远含义。

随着饮茶习俗传到海外，许多国家每年都从中国进口大量茶叶，出口茶叶成为国家对外的主要贸易。

饮茶习俗带动了人们对精美茶具的追求。宋朝瓷器的高贵精美程度，震惊了世界。中国瓷器由此开始出口东南亚各国、印度和阿拉伯国家。

作为当时最繁荣富庶的国家，东京城犹如一块磁石吸引了来自世界各地的商贾。一些专为旅人服务的行业兴旺起来。地处中原的东京冬季寒冷，市民洗澡成为一件麻烦事。澡堂便应运而生。民间使用的肥皂已经随处可见，澡堂里更是能够用上带着香味的肥皂，或用香料浸泡的水。

开封一带不产香料，全国只有海南等极少地区出产香料。这些香料是哪里来的？如此珍贵的奢侈品怎么会在民间大规模使用呢？

《清明上河图》的卷尾有一家"刘家上色沉檀楝香"的香料铺。沉香与檀香这两种香料，海南只产沉香，产量小质量差，刘家的香料一定另有来路。《宋史》记载，香料贸易在宋朝商品交换中占有突出地位。马可波罗曾说过：如果有一船香料进入亚历山大港，就会有百船香料进入刺桐。刺桐就是今天的福建省泉州市。商贩们从被称为真腊的柬埔寨古国和被称为占城的越南将香料贩运回国，由广州入境，然后由漕船带到东京的"刘家上色沉檀楝香"。

宋朝，与中国建立贸易关系的海外国家已经达到 50 多个，指南针的发明，造船技术的发展，使中国丝绸、瓷器、茶叶、麻布纸的出口量日益增加，而香料、象牙、珠宝的进口量不断上升。朝廷征收贸易所得税占政府岁入的 15%。生机勃勃而又充满亲和力的东京城，犹如一艘强大的船队，遥遥领先行进在人类历史的征途上。

▲ 开封吸引了来自世界各地的寻梦商贾

州桥考古现场，工作人员正在忙碌。人们打开了一条探沟，出土了部分文物。经过考证，考古人员最终断定，这就是东京城里著名的州桥，桥下就是那条曾经波涛滚滚的汴河故道。

北宋时期，南方经济发展远远超过黄河流域，大量物资都要靠南方供应。东京

▲ 州桥遗址

城中的汴河主要承担来自东南一带的漕运重任。穿梭往来的大小船只，自清明汴河开航到冬季停运，夜以继日地为东京城输送着物资，维系着东京人精致高雅的生活需求，将东京城的发展推向了高峰。

出自宋朝《事林广记》中的东京外城图，准确地标出了汴河在东京城的位置。汴河在汴口处引黄河水，自东京城西水门入城，穿越包括州桥在内的 13 座桥梁，经东水门出城。

经考证，汴河在东京城内的河段，仍然在今天开封市中心原来的位置。历经千年沉浮，开封城的中轴线始终没有变。中轴线上依然人流如潮，但曾经热闹繁忙，造就了一段辉煌历史的汴河已深埋地下，没有留下任何痕迹。

1125 年冬，汴河清淤工程由于金兵南下而被迫停止。完全靠人工维系的汴河，仅仅一个冬天就被黄河挟带的大量泥沙淤堵。汴河淤塞，漕运停航，物资无法供应，原本生意兴隆的茶坊、酒店纷纷倒闭。

▲ 昔日的汴河故道即今天的开封中轴线——中山路

1126年，对富庶的东京城渴望已久的北方少数民族，挥兵南下。大军渡过黄河，直逼东京城下。北宋靖康元年十二月，北宋朝廷打开城门投降。

然而，战争并没有结束。为抵御金兵，东京守将杜充掘开黄河堤防，导致黄河由入渤海改为入黄海。1194年，黄河再次改道由淮河入海。黄河频繁改道，让汴河失去了源头之水；政治经济中心南迁，导致东京城不再受到统治者的青睐。历尽沧桑的汴河最终因完全淤积而断流。

宋朝人发明了火药，却没有用它来捍卫城市。东京城仿佛一个火药制造的超级烟花，匆忙地在昏暗的中世纪天空绽放，灿烂而短暂。东京城与它造就的传奇与骄傲，犹如一个梦幻，随着岁月的流淌而飘逝。那段让无数后人追忆的市井风情，被永远定格在流传千古的《清明上河图》画卷上。